浙江师范大学拉美马克思主义译丛
Latin American Marxist Translation Series

冯昊青 郑祥福 主编

托莱达诺：
墨西哥马克思主义者

Mexican Marxist:
Vicente Lombardo Toledano

罗伯特·保罗·米隆（Robert Paul Millon） / 著
傅庆芳 / 译

中国社会科学出版社

图字：01-2018-5577号

图书在版编目（CIP）数据

托莱达诺：墨西哥马克思主义者/罗伯特·保罗·米隆著；傅庆芳译.
—北京：中国社会科学出版社，2020.12
（浙江师范大学拉美马克思主义译丛）
书名原文：Mexican Marxist：Vicente Lombardo Toledano
ISBN 978-7-5203-6383-9

Ⅰ.①托… Ⅱ.①罗…②傅… Ⅲ.①维森特·隆巴多·托莱达诺（Vicente Lombardo Toledano，1894—1968）—传记 Ⅳ.①K837.317=5

中国版本图书馆 CIP 数据核字（2020）第072440号

MEXICAN MARXIST：Vicente Lombardo Toledano
by Robert Paul Millon
Copyright© 1966 The University of North Carolina Press
Published by arrangement with The University of North Carolina Press c/o JLS Literary through Bardon-Chinese Media Agency
Simplified Chinese translation copyright© (2020)
by China Social Sciences Press
ALL RIGHTS RESERVED

出 版 人	赵剑英
责任编辑	喻　苗
责任校对	王　龙
责任印制	王　超

出　　版	中国社会科学出版社
社　　址	北京鼓楼西大街甲158号
邮　　编	100720
网　　址	http://www.csspw.cn
发 行 部	010-84083685
门 市 部	010-84029450
经　　销	新华书店及其他书店

印　　刷	北京明恒达印务有限公司
装　　订	廊坊市广阳区广增装订厂
版　　次	2020年12月第1版
印　　次	2020年12月第1次印刷

开　　本	710×1000 1/16
印　　张	12.25
字　　数	195千字
定　　价	69.00元

凡购买中国社会科学出版社图书，如有质量问题请与本社营销中心联系调换
电话：010-84083683
版权所有　侵权必究

总　　序
"拉美马克思主义"的探索历程及其基本特征[*]

在众多国外马克思主义理论中，有一种理论对其策源地影响巨大却迄今仍未引起国内学界的足够重视，它便是"拉美马克思主义"。尽管拉美作为思想的"试验场"，各种理论走马灯似的在这片神奇的土地上粉墨登场，但马克思主义对拉美的影响，无论从持续时间，还是从影响的广度和深度上看，皆是其他思想难以比拟的。谢尔顿·利斯（Sheldon B. Liss）就在《拉美马克思主义思想》一书的导言中指出："对拉美知识分子的影响，没有任何学派（或许除了实证主义）可与马克思主义相匹敌。"[①] 对此，美国《拉美视界》的编辑理查德·L. 哈里斯（Richard L. Harris）博士也有着深刻的洞识，他认为"马克思主义不仅是当代拉美社会基本构成中的重要元

---

[*] 本序言曾以《"拉美马克思主义"的探索历程及其基本特征》为名，在《马克思主义与现实》2016年第4期上发表，随后被《中国社会会科学文摘》2017年第1期、人大复印资料《马克思列宁主义研究》2016年第11期全文转载，被上海社科院编纂的《世界社会主义研究年鉴（2016）》全文收录（上海人民出版社2017年版，第273—287页）。这里略作改动，用以充当"浙江师范大学拉美马克思主义译丛"的总序言，亦可看做是"导论"，便于读者在阅读"译丛"时对拉美马克思主义思潮的整体概括有个大致了解。

[①] Sheldon B. Liss. *Marxist in Thought Latin America*. Los Angeles: University of California Press 1984, p.2.

▶▶ 托莱达诺：墨西哥马克思主义者

素，而且它已经以无意识的方式影响着拉美的思维与实践"①。而 1990 年诺贝尔文学奖得主，墨西哥文学家奥克塔维奥·帕斯（Octavio Paz）对此亦有深刻的体悟，他说，"我们的历史已经被马克思主义浸润，我们全都不自觉地成为了马克思主义者，我们的道德判断，我们关于现在和未来，以及正义、和平与战争的立场与观点，甚至包括对马克思主义的否定，都渗透着马克思主义。马克思主义已经融入我们的思维血脉与道德感觉之中了"。②将这些体认与"马克思主义必须与具体历史条件相结合并通过一定的民族形式才能实现"③ 的基本原理联系起来，我们可以合乎逻辑地推知：既然马克思主义对拉美社会产生了如此巨大的影响，必定有拉美化的马克思主义理论形态，即"拉美马克思主义"的存在。从国内外已有研究成果看，拉美地区不仅有独具特色的马克思主义理论形态，而且还异常多姿多彩！哈利·E. 凡登（Harry E. Vanden）教授就曾在《拉美马克思主义参考书目》的导言中指出："拉美马克思主义丰富而有魅力，它像拉美人一样多元（diverse）。"④ 目前，学界围绕相关思想家或某个"理论成果"的专题研究陆续涌现并日益增多，例如对马里亚特吉（José Carlos Mariátegui）、卡斯特罗、切·格瓦拉、托莱达诺（Vicente Lombardo Toledano）、玛尔塔·哈内克（Marta Harnecker）等人的思想研究，以及对"解放神学马克思主义"和"马克思主义依附理论"等个别理论的介绍。但作为一个整体的"拉美马克思主义"本身尚未得到系统梳理、探讨。有鉴于此，我们对"拉美马克思主义"进行了认真研究，"浙江师范大学拉丁美洲马克思主义译丛"便是研究工作中最基础的部分，正是在大量翻译、阅读原始文献的基础上，我们才能厘清"拉美马克思主义"的发展历程、主要理论成果及其特征，并对

---

① Richard L. Harris. Marxism, *Socialism and Democracy in Latin America*. San Francisco：Westview Press 1992, p. 1.

② Richard L. Harris. Marxism, *Socialism and Democracy in Latin America*. San Francisco：Westview Press 1992, p. 1.

③ 国内学界认为，这条原理是毛泽东思想对马克思主义的发展，但谢尔顿·B·利斯（Sheldon B. Liss）认为，这是毛泽东采纳了列宁的看法，他说，"毛接受了列宁关于马克思主义必须适应历史条件和必须采取一定的民族形式才能实行的意见"。参见 Sheldon B. Liss. *Marxist in Thought Latin America*. Los Angeles：University of California Press 1984, p. 26.

④ Harry E. Vanden, *Latin American Marxism：A Bibliography*. New York：Garland Publishing, 1991, p. 1.

之作出实事求是的初步评价。

一 "拉美马克思主义"的探索历程

首先,国际共产主义或社会主义运动局势的发展变化,乃至兴衰成败直接影响着马克思主义的传播与发展,就其在拉美的传播和发展来看,它经历了一个跌宕起伏的过程,形成了五个具有明显时代特征的分期。世界知名拉美马克思主义研究专家,法国国家科学研究中心(CNRS)荣誉主任,米歇尔·罗伊(michael löwy)认为,拉美共产主义运动和马克思主义拉美化的探索与演进历程呈现出三个明显的分期:即从1920年代一直持续到1930年代中期的"革命时期",从1930年代中期一直到1959年代的"斯大林主义时期",1959年代古巴革命之后的"新革命时期"。[1] 这一划分基本上是准确的,但还不全面,若从马克思主义传入拉美开始至今的整个发展历程看,还应该在"革命时期"前加一个"马克思主义在拉美的早期传播",在"新革命时期"后加一个"苏东巨变"之后的"后革命时期",这样拉美马克思主义的探索历程可以划分为这样五个存在明显差别与特征的分期,因为马克思主义拉美化历程在这五个时期呈现出不同的态势和特征。

马克思主义在拉美的传播大约始于19世纪50年代左右,从现有资料来看,大约在1854年就有马克思的《哲学的贫困》等著作在拉美书店出售,到19世纪末,马克思主义已经在拉美得到较为广泛的传播,并在与各种非马克思主义思潮的斗争中赢得了工人阶级的信赖。在这一时期,欧洲进步移民和拉美左翼人士对马克思主义在拉美的传播发挥了重要作用,他们成立共产国际分支机构和各种劳工组织与政治团体,通过办报、撰写文章、翻译原著、出版理论研究著作等等形式宣传和传播马克思主义。其中阿根廷的胡安·胡斯托(Juan B. Justo, 1865—1928)、智利的雷卡瓦伦(Luis Emilio Recabarren, 1876—1924)、古巴的何塞·马蒂(José Julián Martí Pérez, 1835—1895)等人可以作为这一时期的代表人物。胡斯托是第一个

---

[1] Michael Löwy, *Marxism in Latin America from 1909 to the Present*. New Jersey: Humanities Press, 1992, p. VIII.

把《资本论》翻译成了西班牙文的拉美思想家,他于1984年创办了社会主义刊物《先锋》,1920年出版了个人文集《社会主义》,他力图将马克思主义理论与阿根廷的现实结合起来,对马克思主义在拉美的传播甚至初期"拉美化"皆功不可没,许多拉美马克思主义者皆受惠于他。米歇尔·罗伊就认为胡斯托是拉美第一批接受马克思主义思想家中的"温和派"代表(雷卡瓦伦则是"革命派"代表);① 罗纳尔多·孟克(Ronaldo Munck)则认为胡斯托是追求"拉美化"马克思主义知识分子中的杰出代表;② 但二者都认为胡斯托不是马克思主义者。一般认为,胡斯托受到了马克思、伯恩斯坦、饶勒斯,特别是斯宾格勒的影响。雷卡瓦伦作为拉美第一批接受马克思主义思想家中的"革命派"代表,被奉为"智利工人的良心",以"爷爷"这一充满深情的尊称闻名于智利穷苦大众之中,是世所公认的拉美马克思主义者。雷卡瓦伦不仅善于传播马克思主义思想,而且更擅长把理论变为实践,他对拉美工人运动的影响就象马里亚特吉对该地区马克思主义政治理论家的影响一样大。③ 何塞·马蒂虽然不是马克思主义者,却写了不少介绍和纪念马克思的文章,在工人中扩大了马克思主义的影响,《论卡尔·马克思之死》便是其中的代表。马蒂不仅对马克思主义的早期传播,而且对古巴革命与建设亦有着巨大而深远的影响,卡斯特罗就承认"7·26运动"受惠于马蒂的思想,今天马蒂思想依然是古巴共产党的指导思想之一。同时需要注意的是,马克思主义在拉美从传播初期开始就是多元的。

其次,马克思主义在拉美的传播随着俄国"十月革命"的成功而达到高潮。"十月革命"对于拉美工人运动和知识分子产生了极为深刻的影响,一时之间,共产主义思潮在整个拉美扩散开来,拉美诸国的左翼政党或劳工组织纷纷转变成为共产党,拉美马克思主义探索与发展就此进入了"革命时期"。依米歇尔·罗伊之见,"革命时期"从1920年开始至1935年共

---

① Michael Löwy, *Marxism in Latin America from 1909 to the Present*. New Jersey: Humanities Press, p. xvii.

② Daryl Glaser and David M. Walker. *Twentieth-Century Marxism: A Global Introduction*. London & New York: Routledge press, 2007, p. 155.

③ Sheldon B. Liss. *Marxist in Thought Latin America*. Los Angeles: University of California Press 1984, p. 75–76.

产国际"七大"召开为止。马里亚特吉及其著述是这一时期最深刻的理论表达,而最重要的实践则是1932年的萨尔瓦多农民起义。① 这一指认非常准确,但在此期间发生的两件大事却需要交代,因为这两件事深刻地影响了拉美马克思主义的理论样态。第一件事是:"20世纪20年代,'土著主义''作为使印第安人进入现代文明同时又保存其文化的运动,成了秘鲁知识界大部分人主要关切的事情,而且他们的意见很快就传遍拉丁美洲。"② 这里说的土著主义,也就是印第安主义,它是型塑马里亚特吉思想的核心要素之一,正因为它,马里亚特吉这位"拉美马克思主义教父"的社会主义常被称为"印第安人的社会主义"。当然,它的影响不仅限于马里亚特吉,而且已经融入那个时代拉美马克思主义理论界的血脉之中,成为马克思主义拉美化的基因,甚至渗入了整个拉美左翼的思维之中,即便时至今日它的影响依然不衰,"21世纪社会主义"就宣称自己是印第安人的社会主义。当然,这一影响是积极而正面的,它引导拉美马克思主义理论家们关注土著、农民和土地问题,乃至关注本国国情,为马克思主义拉美化提供了契机,敞开了正确的本土化路径。另一件事情是共产国际在1928年"六大"上提出完全脱离各国革命实际的"第三时期"这一极"左"理论。该理论认为,"第三时期"(即1928年以后)是资本主义进入全面崩溃,无产阶级夺权的时期。这一错误理论不仅因奉行"宗派主义"和"关门主义"对各国共产主义运动与左翼的联盟产生了极大的破坏作用,也对马克思主义拉美化产生了不良影响。在此背景下,马里亚特吉的正确主张不仅不被采纳,反而受到批判,甚至被斥为"小资产阶级的东西"。许多进步群众对这时期的极"左"策略无法理解,纷纷转向与共产党决裂的社民党或其他左翼组织,使共产主义运动遭受严重孤立与挫折。当然,总体上看,这一时期还是有利于马克思主义理论探索的,特别是在"第三时期理论"提出来之前,那是马克思主义拉美化的多元探索期,诸多左翼知识分子和工会领袖都为此做出了积极贡献,其间确实涌现了一大批颇具探索与创新

---

① Michael Löwy, *Marxism in Latin America from 1909 to the Present*. New Jersey: Humanities Press, 1992, p. Ⅷ.
② Sheldon B. Liss. *Marxist in Thought Latin America*. Los Angeles: University of California Press 1984, p. 127.

精神的理论家、实干家，其中除马里亚特吉外，古巴的梅里亚（Julio Antonio Mella，1903—29）、智利的雷卡瓦伦、墨西哥的托莱达诺，以及《对巴西政治发展的唯物主义解释》（1933）的作者索德雷（Nelson Werneck Sodré，1911—1999）等皆是其中的杰出代表。

随着"第三时期"错误理论的恶劣影响不断彰显，再加国际形势的变化与法西斯的猖獗，1935年共产国际在莫斯科召开"七大"，纠正了"第三时期"的极"左"错误，提出了建立反法西斯统一战线（"人民阵线"），拉美马克思主义就此进入"斯大林主义时期"。"斯大林主义时期"从1935年开始至1959年"古巴革命"为止，这一时期的特点是苏联支配着共产国际，而各国共产党成为了共产国际的一个支部，共产国际对各国共产党领导人握有"生杀予夺"的权力，它的决议各国共产党必须无条件贯彻，甚至共产国际和苏联还给各国共产党规定了一条清一色的路线，最终形成了斯大林主义和苏联官方阐释的"正统"马克思主义教条一言堂局面，完成了对拉美共产党的组织与思想控制。这种局面造成了两个截然相反的"效果"：一方面它整合增强了国际共运的力量，给予拉美各国共产党和左翼以极大的支援与指导，有力促进了马克思主义的传播；另一方面却既损害了拉美诸国共产党的自主性与创新精神，也几乎窒息了探索马克思主义拉美化的积极性，拉美马克思主义由此从多元探索发展期被迫转向一元教条期。这一时期，从总体特征上看，拉美共产党因在共产国际和苏共的组织与理论控制下丧失了独立自主性而显得党性模糊，理论创新乏力。阿根廷共产党总书记柯都维亚（Vittorio Codovilla，1894—1970）是这一时期的典型代表，而"白劳德主义"则是这一时期孕育出来的"怪胎"。柯都维亚们"从一种聪明的政治观点出发而与苏共及其操控的共产国际组织建立了更为直接的联系，无论苏共和共产国际如何转向，他们都紧紧跟随，毫不动摇。"[1]而在本国马克思主义理论发展与实践上，却毫无建树。对此，有研究者毫不客气的指出，柯都维亚们在几十年领导拉美共产党的过程中，留下

---

[1] Michael Löwy, *Marxism in Latin America from 1909 to the Present*. New Jersey: Humanities Press, 1992, p. xxiii.

的东西只不过是"应景之作"①，却无任何理论创新。当然，拉美马克思主义在这一时期也并非没有任何作为，二战以后，拉美诸国左翼理论界加大了马克思主义研究，推进了马克思主义的学科化发展，尤其是马克思主义经济历史理论的研究领域，围绕拉美殖民时期的社会性质是封建主义的还是资本主义的争论非常热闹，这一争论有力地促进了拉美马克思主义历史学发展，甚至1940年代末，阿根廷、巴西、乌拉圭、智利出现马克思主义历史学派，对拉美马克思主义依附理论的形成作出了非常重要的贡献。代表性学者有：《马克思主义与古巴历史》（1944）的作者罗德里格斯（Carlos Rafael Rodriguez）、《殖民社会的经济》（1949）的作者塞尔吉奥·巴古（Sergio Bagu）、《巴西经济历史》（1957）的作者小卡约·普拉多（Caio Prado Jr.），以及马塞洛·西格尔（Marcelo Segall）、纳维尔·莫雷诺（Nahue Moreno）和西尔维奥·弗朗蒂奇（Silvio Frondizi）等人。

再次，古巴革命有力促进了马克思主义拉美化进程，将之推进到一个充满活力的多元创新阶段。1959年古巴革命的成功才给拉美提供了本土版本的更富吸引力的马克思主义，打破了斯大林主义的专制和苏共一言堂的局面，使拉美马克思主义不再臣服于莫斯科意识形态权威与教条，从而将拉美马克思主义发展和共产主义运动推进到"新革命时期"。这一时期从1959年开始至1989年"苏东剧变"为止，"切·格瓦拉—卡斯特罗主义"是这一时期最具代表性的理论成果，而古巴革命是其中最为关键的历史事件，因为"无论是在拉美马克思主义发展史上，还是在拉美的历史上，古巴革命都构成了一个重要转折。"它既突破了"斯大林时期"在拉美形成的"苏联官方版正统"马克思主义一元独霸的局面，以及"革命阶段论"及其相应的"和平过渡""议会斗争策略"等"单一路线"的教条，又破除了"阿普拉主义""庇隆主义"等"拉美例外论"所宣扬的"马克思主义不适合拉美"的怀疑主义悲观论调，重新激发了拉美左翼人士和共产党人创造性地发展马克思主义的理论冲动与革命激情。对此，米歇尔·罗伊总结道："拉美马克思主义在1959年以后迎来了一个新的变革期——这一时期恢复了20世

---

① 崔桂田等：《拉丁美洲社会主义及左翼社会运动》，山东人民出版社2013年版第128页。

纪20年代'原初的共产主义（Original Communism）'的一些有力思想。虽然这两个时期之间并不存在直接的和意识形态上的连续性，但卡斯特罗主义重新强调了马里亚特吉的思想，并从历史的尘埃中解救了梅里亚，以及1932年萨尔瓦多革命（精神）。"① 谢尔顿·利斯也认为，中国和古巴对革命采取战斗的、非正统马克思主义的态度所获得的巨大成功，以及"中苏论战"打破了教条主义的束缚，促进了马克思主义拉美化的进程。到了1960年代，拉丁美洲的知识分子比以往更多地接受马克思思想的变种。他们把卡斯特罗、格瓦拉、列宁、托洛茨基、毛泽东和葛兰西的理论同民族主义、印第安主义、存在主义，甚至基督教神学的一些方面结合起来，② 进行创造性发展，因此从20世纪60年代开始，拉美出现了大量重要而新颖的马克思主义研究，这些研究所涉及的都是关于拉美现实的一些关键主题：依附性与欠发达、民粹主义、工会及其与国家的联系、工人和农民运动、土地问题、边缘性问题等等。③ 同样，马克思主义历史学，乃至文学、艺术等学科的发展也被推进到一个新的阶段……。总之，这一"新革命时期"是马克思主义对拉美社会影响最广泛、最深刻的时期，更是拉美马克思主义探索发展历程中最丰富、最多元，甚至"最异端"的时期。尽管这一时期的游击运动以及其他形式的社会主义运动，像智利阿连德社会主义、秘鲁军事社会主义、尼加拉瓜桑解阵社会主义、圭亚那合作社会主义和格林纳达社会主义等最后基本都失败了，但由古巴革命所引发的拉美马克思主义新革命与新探索却影响深远，甚至还收获了一些独具特色的马克思主义拉美化的别样成就，其中最重要的成果就是"解放神学马克思主义"、"马克思主义依附理论"，以及"切·格瓦拉—卡斯特罗主义"等。

最后，随着"苏东剧变"，以及尼加拉瓜桑迪诺革命阵线在1990年因选举失利而交出政权，"新革命时期"伴随着这个"游击运动"仅存的

---

① Michael Löwy, *Marxism in Latin America from 1909 to the Present*. New Jersey: Humanities Press, 1992, p. xliii.

② Sheldon B. Liss, *Marxist in Thought Latin America*. Los Angeles: University of California Press, 1984, p. 38.

③ Michael Löwy, *Marxism in Latin America from 1909 to the Present*. New Jersey: Humanities Press, 1992, p. xlii.

硕果一起终结了。自此，拉美马克思主义进入了"后革命时期"。目前，"后革命时期"大致已经历了两个阶段，即20世纪90年代的"新自由主义实验期"，这是拉美马克思主义探索发展的低潮期。但到了20世纪末，随着"新自由主义"露出败象，人们对马克思主义的兴趣开始升温，进入21世纪，拉美政坛更出现了"集体左转"的趋势，拉美马克思主义理论研究与实践探索又开始活跃起来，这是"后革命时期"的第二阶段。在这一阶段，由于拉美左翼政府的支持、资助，马克思主义著作被大量出版，甚至《共产党宣言》也于2004年被译成了盖丘亚语（南美地区最重要的土著语言），各种学术交流活动与社会运动论坛得以频繁召开，拉美马克思主义得到进一步传播与发展。总体上看，这一时期最为突出的特点是：拉美马克思主义的发展由原来主要被"革命家"和"社会活动家"推动的，以"改变世界"为旨趣的"革命化"发展为主的道路，转向以学理探索与历史梳理为主的"学术化"发展道路。这一转变当然有其深刻的背景：一方面，随着国际社会的深刻变革，"革命主体化危机"进一步加深，尽管1994年仍有墨西哥的萨帕塔起义，但显然大规模武装革命暂时已无可能；另一方面，苏东剧变打破了长期禁锢人们头脑的成见与教条思维，将人们带进一个"可读马克思"的新阶段，而随着"新自由主义神话"的破灭，当代资本主义弊端层出不穷，人们自然会也将目光投向马克思主义；同时，马克思主义作为一项智力成果，已经深深的根植到人类思想史之中，成为相关学科研究不可忽视的重要构成内容。当然，这一时期也不妨有一些马克思主义理论家，如玛尔塔·哈内克尔等不仅积极开展马克思主义理论研究，而且还积极投身于现实社会政治运动，甚至直接参与左翼政党和政府的政治活动，将马克思主义运用于拉美现实社会运动或变革实践之中，为其提供理论支持，"21世纪社会主义"等各种颇具时代特色与拉美特色的"新社会主义"政治主张的提出，便包含着这些理论家的心血。另外，值得注意的是，马克思主义拉美化的前期成果，诸如马里亚特吉思想、切瓦格拉—卡斯特罗主义、"解放神学马克思主义"等也得到了更为广泛传播，其中的诸多元素被21世纪以来席卷拉美的各种社会主义运动所吸收。这一时期比较突出的代表有智利的玛尔塔·哈内克尔（Marta Harnecker）、约格·拉腊林（Jorge Larraín），德裔学者海因斯·迪特里希（Heinz Dieterich），墨西哥的卡斯塔涅达（Jorge G. Castañeda）、华西斯（Marco Vinicio Dávila Juárez），阿根廷的恩里克·杜塞尔（Enrique Dússel）、哥伦比亚的哈伊罗·埃斯特拉达（Jairo Estrada）、秘鲁的阿尼巴尔·魁加诺（Aníbal Quijano）等。

二 "拉美马克思主义"的主要理论成果

从以上结合历史背景对马克思主义在拉美的传播与发展历程的简略梳理中，可看出，尽管马克思主义拉美化的百年历程跌宕起伏，充满了艰难险阻，但从传播初期的胡斯托开始直到当今仍然活跃在拉美左翼理论与实践前沿的哈内克尔等人，始终有一批探索者努力克服"教条主义"的干扰，坚持探索将马克思主义基本原理与具体历史条件、本土思想资源和理论传统结合起来的民族形式，其间产生了诸多颇具拉美色彩的"马克思主义思潮"。当然，随着时间的流失，其中大部分思潮都湮没在历史的尘埃中去了，唯有少数几个成果经受了时间的考验，成为了马克思主义拉美化的活的遗产，成为了拉美社会主义运动，乃至左翼运动的精神食粮，继续在拉美左翼理论界和社会实践领域发挥着影响力。其中最重要，也是最具代表性的理论成果是：马里亚特吉思想、切·格瓦拉—卡斯特罗主义、"解放神学马克思主义"和马克思主义依附理论等。

首先，无论从产生时间上看，还是从影响力上看，马里亚特吉思想都是头一份马克思主义拉美化的成果，其他三项成果皆深受其影响，甚至可以在其中找到部分源头。也因此之故，马里亚特吉常被冠以"拉美马克思主义教父""解放神学先驱""拉美葛兰西"等称号。相较而言，马里亚特吉思想也是最受国内外理论家关注，因而被研究得较为充分的。他的思想集中体现在《关于秘鲁国情的七篇论文》（1928）和《捍卫马克思主义》（1934）两本著作，及其担任《阿毛塔》（Amauta）杂志主编时刊登的一系文章中。大多数研究者认为，马里亚特吉大致是在1919至1923年间游历欧洲时从空想社会主义者转变为科学社会主义者的，其间他广泛吸收了欧洲思想界的有益成分，特别受到克罗齐、乔治·索列尔和以皮埃罗·戈贝蒂、葛兰西为首的意大利《新秩序》集团的影响；同时，他也广泛吸收了拉美思想的有益成分，特别是普拉达和卡斯特罗·波索等人的"土著主义"思想。因此，米歇尔·罗伊认为，马里亚特吉思想"融合了欧洲文化最先进的方面以及土著共同体中的千年传统，并试着将农民群体的社会经验纳入到马克思主义的理论框架之中。"① 马里亚特吉思想内核可大致简略概括为 3 个主要方面：(1) 对马克思主义的科学认识。一方面马里亚特吉认为马克思主义根本上是一种基于现实和事实基础之上的辩证方法，并非庸俗唯物主义和经济决定论；另一方面他认为马克思主义思想应当是开放的、可变化的、非教条的，应当根据新情况加以更新和发展，这一态度是避免其落入"欧洲中心主义教条"的泥潭，促成其走向探索马克思主义拉美化之路的关键。(2) 用马克思主义基本原理来分析本土问题，并将之创造性地与本土理论传统、思想资源结合起来建构出适合解决本土问题的思想；例如，在《关于秘鲁国情的七篇论文》中，马里亚特吉用历史唯物主义方法分析得出秘鲁的根本问题不是理论界所认为的人种问题，而是经济社会问题，关键是土地问题，因为秘鲁乃至整个拉美独立后并没有解决土地分配问题，其中尤以印第安人因失去土地而受害最深，所以解决之道首先要恢复印第安人得到土地的权利，他建议通过成立农民组织恢复古代印加人的村社共有土地模式；总之，马里亚特吉认为，社会主义的斗争应当深深地根植于国家和民族传统之中，而拉美思想对欧洲的依附正是其政治经济依附性的根源之一，因此必须用本土的思想意识来取代后者以减少依附性。为此，他拒绝屈从于斯大林主义，以及共产国际和苏共强加的教条。也因为这一鲜明的内核，马里亚特吉思想一方面被称为"民族主义""土著主义"或"印第安主义"的马克思主义或社会主义，另一方面又不为"正统"马克思主义承认而被斥责为"小资产阶级的东西"。(3) 凸出意识的主观能动性，重视精神力量，强调宗教神话的积极作用。马里亚特吉认为，"俄国的共产主义太唯物主义了，因而不适宜于秘鲁这样一个主要是印第安人的国家"，因为这样的"马克思主义中的决定论因素会抑制创造力，因而革命的神话不可以抛弃，否则与之一道失

---

① Michael Löwy, *Marxism in Latin America from 1909 to the Present*. New Jersey: Humanities Press, 1992, p. xxi.

去的将是马克思主义的人道主义品质"[1]。他甚至认为，"革命者的力量并不在于其科学，而在于其信仰，在于其激情，在于其意志。这是一种宗教性、神秘性、精神性的力量。这是神话的力量……革命情绪乃是一种宗教情绪"[2]。这些思想在正统马克思主义看来显然就是"异端"，但这一鲜明的理论特质有其背景：一方面是对当时被"决定论化"了的"正统"马克思主义的"反动"，另一方面是对印第安人的神话传统和被高度"天主教化"了的拉美社会的理论体认，同时也要看到马里亚特吉既强调精神力量，又坚持历史唯物主义的辩证立场与方法。因此，我们应该看到，尽管因了这一颇为"异端"的理论特征，马里亚特吉时常被片面地称为"唯意志论者"，其思想也常被偏颇地称为"伦理社会主义"，但或许他始终是位"聪明"的"马克思主义者"。

马克思主义拉美化的第二个成果自然非"格瓦拉—卡斯特罗主义"莫属了。"格瓦拉—卡斯特罗主义"兴起并活跃于1960年代，是格瓦拉和卡斯特罗关于社会主义革命的理论。切·格瓦拉和卡斯特罗是古巴革命和建设的领导核心，两人的思想理论作为一个统一整体贯彻和体现在古巴革命与建设初期之中，因而其无论被称为"瓦格拉主义"或"卡斯特罗主义"，内涵基本是一致，故此将之合称为"瓦格拉—卡斯特罗主义"。从思想源渊上看，格瓦拉和卡斯特罗既受到马克思、列宁、斯大林、托洛茨基等欧洲思想家的影响，也吸收了毛泽东、武元甲、胡志明等亚洲革命家的独特理论，同时继承了马蒂、梅里亚、马里亚特吉等拉美革命先驱们的思想。他们对这些思想理论既借用又加以批判，因而格瓦拉—卡斯特罗主义是马克思子主义结合了拉美，特别是古巴的具体历史条件的创新与发展。[3]"格瓦拉—卡斯特罗主义"的内核概括为3个主要方面：（1）格瓦拉—卡斯特罗主义最基本的内核是"革命意志论"，即"它是某种站在所有消极的和宿命论的决定论的对面的政治上的和伦理上

---

[1] Sheldon B. Liss. *Marxist in Thought Latin America*. Los Angeles: University of California Press, 1984, pp. 129 – 133.

[2] 叶建辉：《拉美马克思主义思想之父——马里亚特吉述评》，《马克思主义研究》2013年第3期。

[3] Sheldon B. Liss. *Marxist in Thought Latin America*. Los Angeles: University of California Press, 1984, p. 256 – 265.

的'革命意志论'"①。这一思想内核显然受到马里亚特吉强调主观意志与精神力量思想的深刻影响。格瓦拉和卡斯特罗对革命雄心、意志与精神动力的倚重和强调贯穿在革命与建设过程之中。他们认为无论夺取革命胜利还是消灭贫困都有赖于牺牲精神和共产主义态度。因而在武装革命中,他们非常看重革命的主观条件,且不像列宁强调的那样只有主客条件成熟才能行动,而认为凭借游击队的革命意志与激情的"催化"作用,就能创造出革命条件,甚至认为"拉丁美洲人已看到了革命的客观条件,即遭受贫困、饥饿和压迫,因而他相信只要进行武装斗争就能具备主观条件,即意识到胜利的可能性"②。所以,他们积极输出和推动游击武装斗争。同样,在社会主义建设时期,古巴则积极开展塑造社会主义"新人"的运动,力图用精神鼓励取代物质刺激,鼓励人们不计报酬自愿奉献,其后虽不得已也采纳了物质刺激的方式,但对精神道德作用的重视却始终如一,卡斯特罗始终认为,"没有精神道德就没有社会主义","社会主义的最重要的价值是平等"。(2)格瓦拉—卡斯特罗主义最鲜明的标志是关于武装斗争的思想,他们拒绝社会主义革命可以通过"和平过渡"得以实现的方案,认为"武装斗争是这场社会主义革命的必要条件,因为无产阶级的胜利意味着资产阶级军事机构的摧毁"。而且卡斯特罗认为,"不必等到所有条件成熟才去发动武装斗争,因为游击运动本身有助于创造这些条件。"格瓦拉认为游击战能起到革命"催化剂"的作用,且"乡村游击战是最可靠、最现实的武装斗争形式。"后来他们还提出了"诸如军事对于政治的优先性、游击运动中心作为政党的核心或替代物",以及"农民将为土地战斗,从而构成第三世界革命的主要动力"等颇具特色的思想。③ 这些以游击为中心的武装斗争思想也许是格瓦拉—卡斯特罗主义构成内容中国际知名度最高,也是国际输出最多的部分,甚至人们常用"游击中心主义/论"来指代格瓦拉—卡斯特罗主义。

---

① Michael Löwy. *Marxism in Latin America from 1909 to the Present*. New Jersey: Humanities Press, 1992, p. xliv.

② Sheldon B. Liss. *Marxist in Thought Latin America*. Los Angeles: University of California Press, 1984, p. 258.

③ Michael Löwy. *Marxism in Latin America from 1909 to the Present*. New Jersey: Humanities Press, 1992, p. xliv.

他们也因此而被批评者们贴上"布朗基主义"的标签。(3) 彻底的社会主义革命。尽管古巴革命开端于带有资产阶级民族民主革命性质的"7·26运动",但在思想层面上,格瓦拉和卡斯特罗却主张摒弃"正统"马克思主义的"革命发展阶段论",拒绝与民族资产阶级合作,追求彻底的社会主义革命,力图消灭一切资本主义成分。一方面,他们在被称为拉美左翼纲领与意识形态旗帜的《通过三大洲会议致世界人民的信》中主张:社会主义革命必须"将帝国主义者同当地的剥削者同时推翻",因为"民族资产阶级完全丧失了抵抗帝国主义的能力——如果他们曾经有过的话——如今又成了帝国主义的帮凶",所以"我们要么进行社会主义革命,要么成为革命的笑柄,除此之外,别无它途"①。另一方面,在社会主义建设中,他们力图快速剔除一切资本主义成分,认为革命者应坚持不断革命的原则,迅速消灭市场与商品生产,甚至消灭带有资本主义气息的货币和物质刺激,追求彻底而纯粹的社会主义;基于这样激进主张,他们还批判了苏联1960年代在一定程度上承认市场机制和个人利益的经济改革以及"和平过渡"与"和平共处"的路线。

当然,格瓦拉—卡斯特罗主义奉行"彻底社会主义革命"的激进主张,既于1960年代拉美掀起的"走社会主义还是资本主义道路"的民族解放路径之争密切相关,亦于另一个马克思主义拉美化的成果,即马克思主义依附理论的警示性结论相关。因为马克思主义依附理论认为:落后国家的民族资产阶级没有能力领导民族解放进程,资本主义也不可能解决落后和不发达问题,社会主义是不发达国家唯一的革命性出路。②马克思主义依附理论作为马克思主义拉美化的具体理论成果之一,是在继承马克思主义经典作家关于落后国家对发达国家的从属关系以及帝国主义和新老殖民主义理论的基础之上,用马克思主义的立场、方法对"不发达理论""发展主义"等已有成果与拉美社会现实进行双重批判的基础上形成的,探讨不发达国家经济政治与社会发展的一种理论。"马克思主义依附理论"和"结构主义依附理论"合称为"依附理论",依附理论

---

① Michael Löwy. *Marxism in Latin America from 1909 to the Present*. New Jersey:Humanities Press, 1992, p. xliii.
② 袁兴昌:《依附理论再认识》,《拉丁美洲研究》1990年第4期。

是拉美理论家们在反对和批判欧美学者主导的现代化理论的基础上，结合本土客观条件和现实需要而建构出来的地道本土理论，① 亦可称为"拉美不发达理论"。马克思主义依附理论的主要代表人物及其成果有：多斯桑托斯（Theotonio Dos Santos）的"新依附理论"、瓦尼娅·班比拉（Vania Bambirra）的"依附性资本主义理论"、鲁伊·马里尼（Ruy Mauro Marini）的"超级剥削理论"、阿尼瓦尔·基哈诺（Anibal Quijano）的"边缘化理论"，以及费尔南多·卡多索（Fornado Henrique Cardoso）和恩索·法莱图（Enzo Faletto）的"发展型依附理论"等。国内研究者大多认为马克思主义依附理论的思想来源除了马克思主义经典作家的相关理论外，还极大受惠于劳尔·普雷维什（Roal Prebish）等人的"发展主义理论"、萨米尔·阿明（Samir Amin）和安德列·弗兰克（Andre Gunder Frank）等人的"不发达的发展理论"，而且主要从经济发展的角度探讨和阐释这一理论。但其实拉美社会的依附现象早已引起有识之士的思考，马里亚特吉早在20世纪初就深刻地将拉美"经济政治的依附局面归咎于思想上的依附"，而"美洲最知名的巴西马克思主义历史学家小卡约·普拉多"也早就"以其经济分析和敏锐地发掘依附性主题著称"②。当然，从中也可看出拉美对欧美的依附不仅仅是经济依附，还有更深层的"知识依附"③"思想依附"，因而依附理论也不应该也不能只关注经济问题，例如费尔南多·卡多索就"对依附的经济基础不甚重视，而对依附的社会政治方面很感兴趣，尤其对阶级斗争、群体冲突以及政治运动感兴趣。"④ 基于以上认识，我们把马克思主义依附理论的主要内容概括为3个主要方面：（1）认为对发达国家的"依附"或"从属"关系是阻碍落后国家不发达的根源。马克思主义依附理论实际上就是为了弄清楚拉美国家发展障碍而产生的。欧美现代化理论一般把落后国家不发达的原因

---

① ［英］莱斯利·贝瑟尔主编：《剑桥拉丁美洲史》第六卷（上），当代世界出版社2000年版，第395页。

② Sheldon B. Liss. *Marxist in Thought Latin America*. Los Angeles: University of California Press, 1984, pp. 134、116.

③ 张建新：《从依附到自主：拉美国际关系理论的成长》，《外交评论：外交学院学报》2009年第2期。

④ 周长城：《新依附理论：卡多佐对传统依附理论的挑战》，《社会科学研究》1997年第4期。

归之于这些国家缺乏合适的现代化观念、社会结构、人力与财力资源，以及缺乏对发达工业国的完全开放，而马克思主义依附理论则认为拉美诸国的落后与不发达恰恰是因为它们对发达国家完全开放而导致的依附关系所造成的，① 即发达国家对落后国家的控制、盘剥、压迫并使之边缘化是阻碍其发展，导致其落后、贫穷的根源。（2）落后国家对发达国家的依附不仅是产业、金融和技术的依附，而且还包括更深层的知识与思想依附；这种依附不仅作为一种外部力量，通过经济分工导致产业结构失衡来制约落后国家的发展，而且还通过与当地资本和利益集团勾结形成政治联盟，从而成为影响这些国家的"内部力量"，当然还包括通过思想理论的输入形成的深层观念控制。（3）在如何摆脱依附道路的问题上，马克思主义依附理论形成了新老两个派别的不同答案。传统马克思主义依附理论认为：在依附关系下，落后国家不可能发展，而资本主义也不可能摆脱依附关系，因此社会主义革命是唯一出路。但以卡多索（Fornado Henrique Cardoso）和法莱图（Enzo Faletto）为代表的新一代"发展型依附理论"则认为，在依附关系下，落后国家也能获得发展，因为"外国企业的利益在某种程度上和依附国家的内在繁荣是相协调的"。但这种发展需要有一个"强力政府"存在为前提条件，即"在强力政府存在的前提下，与发达国家利益群体建构一种相互关系，寻求'和依附相联系的发展'"。当然，这种发展要付出诸如"收入分配倒退""劳工遭受剥削""政府集权专制"与"政治生活封闭"等代价。②

受到马克思主义依附理论深刻影响，并与之一道产生于 1960 年代，活跃于 1970 年的另一个马克思主义拉美化成果是"解放神学马克思主义"，它也许是马克思主义发展史上最为"异端"的"奇葩"。"解放神学马克思主义"是解放神学中最进步、最激进的派别，而解放神学是 20 世纪 60 年代，在拉美人民争取解放的革命斗争日趋激烈，天主教出现危机和马克思主义广泛传播的背景下产生的，一种将马克思主义和基督教信仰调和起来的基督教社会主义思潮。马克思主义对解放神学的影响十分明显，它在历史观和人道主义问题上吸收了某些马克思主义流派的观

---

① 周长城：《新依附理论：卡多佐对传统依附理论的挑战》，《社会科学研究》1997 年第 4 期。
② 周长城：《新依附理论：卡多佐对传统依附理论的挑战》，《社会科学研究》1997 年第 4 期。

点，对拉美社会进行具体分析基本上采用了马克思主义依附理论的方法和结论。但解放神学家们对马克思主义接受的程度是不同的，有一些派别甚至排斥马克思主义。① 因此不能将解放神学与"解放神学马克思主义"混为一谈。从思想渊源上看，"解放神学马克思主义"所吸收的是常被其称为"新马克思主义"的西方马克思主义。它对苏共及其规制下的拉美各国共产党的正统马克思主义不感兴趣，它认为这种正统马克思主义代表的是一种教条的、否定人的自由的马克思主义。② 同时，它还吸收了马里亚特吉思想、格瓦拉—卡斯特罗主义和依附理论等马克思主义拉美化的成果。米歇尔·罗伊在其为《当代马克思主义词典》撰写的"解放神学马克思主义"词条中将之称为"新马克思主义"，但同时又认为它比西方马克思主义更具实践精神。③ "解放神学马克思主义"主要代表人物有被称为"穿着教士袍的切"的卡米洛·托雷斯（Camilo Torres Restrepo）神父，曾担任过尼加拉瓜"桑解阵线"革命政府文化部长的埃内斯托·卡德纳尔（Ernesto Cardenal）神父，以及塞贡多（Juan Luis Segundo）、博尼诺（Jose Miguez Bonino）、古铁雷斯（Gustavo Gutierrez），莱奥纳多·博夫（Leonardo Boff）以及杜塞尔（Enrique Dussel）等人。综合已有研究成果，可大致将"解放神学马克思主义"的核心内容概括为4个要点：（1）用马克思主义改造神学，使之革命化，同时对马克思主义的宗教观进行"去""无神论化"的重新阐释，将两种理论融合起来；宣称共产主义的深刻含义与基督教精神是一致的，信仰马克思主义与信仰基督教并不矛盾，并且"马克思主义者无须是无神论者"，而"每个基督教徒的义务是做一个革命者"④。（2）"解放神学马克思主义"不仅像解放神学一样把马克思主义方法当做分析社会现实的工具，更将之作为改造社会现实的实践；它将投身革命与践行基督教精神结合起来，甚至认为

---

① 徐世澄主编：《拉丁美洲现代思潮》，当代世界出版社2010年版，第455页。
② 杨煌：《马克思主义与基督教神学能统一吗？——拉美解放神学的尝试》，《马克思主义与现实》2000年第5期。
③ ［法］雅克·比岱主编：《当代马克思辞典》，社会科学文献出版社2011版，第242—250页。
④ Sheldon B. Liss. *Marxist in Thought Latin America*. Los Angeles：University of California Press，1984，pp. 136、159.

只有投身"人民争取解放的革命"才能践行基督的"拯救"精神，成为真正的基督徒，卡米洛·托雷斯神父甚至认为，"作为天主教徒而不革命，就是过着罪大恶极的生活"①，埃内斯托·卡德纳尔神父认为，"一个基督徒要想成为真正的基督徒，就必须是个马克思主义者"，"解放神学其实应该叫革命神学"②。(3) 解放神学马克思主义另一个突出内容是对资本主义的道德批判，其灵感来源是宗教性的和伦理性的，但表现得更为激进，且毫不妥协；它认为贫穷、饥饿、疾病、死亡是资本主义这棵罪恶之树上结出的果实，③"资本主义是犯了死罪的社会"，必须消灭它。(4) 认为只有"社会主义"才能使拉丁美洲得到真正的发展，并主张建立一种民主的、公正的，"爱神爱人""富于人性"的"人道主义"的，与基督教精神相容的社会主义。④

三 "拉美马克思主义"基本特征

以上对"拉美马克思主义"发展里程及其主要代表性成果的简要梳理和勾勒，虽然既不能囊括马克思主义拉美化的所有"思潮"或理论成果，也不能穷尽这四个颇具代表性思潮或成果的所有内涵，但还是能够看出拉美诸国的马克思主义思潮及其相应的实践运动总是同气连枝的，它们在相互影响和相互渗透中形成一个信仰共同体，共享着某些一脉相承的传统。因此，尽管拉美马克思主义从传入之初开始到本土化思潮与成果的形成过程，走的都是一条多元分化的发展道路，但却仍然形成了作为一个理论整体的自我认同与自我辨识的一些基本特征，大致可归纳为以下4个方面。

第一，"拉美马克思主义"为了解决拉美地区普遍面临的时代任务而生，因而具有深刻的内生性与鲜明的时代特征。"拉美马克思主义"是其

---

① Sheldon B. Liss. *Marxist in Thought Latin America*. Los Angeles: University of California Press, 1984, pp. 134、159.

② 吉力:《革命，以父之名》,《经济观察报》2011年2月11日。

③ [法] 雅克·比岱主编:《当代马克思辞典》,社会科学文献出版社2011年版，第242—250页。

④ 王谨:《"解放神学马克思主义"的兴起及其特征》,《教学与研究》1996年05期。

创始人在用马克思主义基本原理来分析和解决拉美诸国普遍面临的时代问题的过程中产生的。因而,它一方面具有深刻的内生性原因,另一方它的内容反映着时代主题,深深打上了时代主题的烙印。拉美诸国自摆脱宗主国的殖民统治独立以来,因为对原有经济社会结构未进行深入革命,因而普遍面临着"对外的经济政治依附"和"对内的社会排斥"问题。"对外依附"意味着拉美诸国经济社会依然没有独立自主性,依然遭受着"中心国家"、帝国主义和国际资本的盘剥;对内的"社会排斥"则意味着广大民众仍然被排斥在现代化进程之外,依然遭受着极端不公的歧视与压迫;前者导致拉美经济对外高度依赖而严重受制于人,后者导致拉美贫富极度分化,社会被严重撕裂。不言而喻,"对外依附与对内排斥"既是拉美经济社会发展最大障碍,亦是拉美诸国贫困落后与动荡不安的总根源。因此,摆脱"依附"实现经济自主,消除"排斥"实现社会公平,既是拉美人民必须争取的"第二次独立"斗争,亦是拉美诸国必须完成的历史任务。拉美马克思主义正是其创始人自觉承担起这一历史任务,在将马克思主义创造性地用来解决拉美诸国普遍面临的这一时代问题的过程产生的。因此,我们看到这一时代主题在前面归纳总结出来的四个具体成果之中都得到了非常集中而鲜明地反映,甚至还成为了马克思主义依附理论的中心议题。当然,这也说明"拉美马克思主义"具有内生性特征,因为它是应拉美社会面临的时代任务的内在要求而产生的。诚如斯言,"理论在一个国家实现的程度,总是决定于理论满足于这个国家的需要的程度"①,正是"拉美的经济社会状况,如不发达、依附性和贫困逼迫人民走向激进革命"②,而革命需要革命的理论,马克思主义拉美化的过程正是其在满足革命需要的过程中被吸收内化为拉美独特的革命意识形态的过程。因而通过坚决彻底的社会主义革命,摆脱依附,实现经济社会的自主发展,消除社会排斥,现实社会公平,自然成为了拉美马克思主义各个理论成果的中心诉求,并由此构成其鲜明特征。当然,反帝、反殖民主义,甚至反美也自然成为其摆脱依附的题中应有

---

① 《马克思恩格斯选集》第1卷,人民出版社1995年版,第11页。

② E. Bradford Burns. At War in Nicaragua: *The Reagan Doctrine and the Politics of Nostalgia*. New York: Harpercollins Press, 1987, p. 7.

之义了。

第二,"拉美马克思主义"根植于拉美历史文化传统之中,具有鲜明的地域文化特色和独特的民族形式。由于拉美历史文化和社会结构的特殊性,无论是在坚持普遍主义的诸如卡佩罗(Alejandro Martinez Cambero)之流正统马克思主义者看来,还是在坚持特殊主义的"拉美例外论"的阿亚·德拉托雷(Haya de la Torre)之流看来,马克思主义都不适合拉美地区。[①] 然而,马里亚特吉等拉美马克思主义创始人始终坚持辩证地看待普遍性与特殊性问题,既避免将马克思主义普遍原理教条化,又避免绝对化拉美的特殊性,创造性地将二者融会贯通起来,既将马克思主义根植于拉美民族文化传统之中,使之以易于被拉美人民接受的本土化形式出场;同时又将拉美历史文化传统融入到本土化的马克思主义之中,使之具有鲜明的地域文化特色和独特的民族形式。毫无疑问,其中最为突出的就是它将宗教神话纳入到社会主义运动中,使之成为社会主义的精神和伦理维度而从属于人类解放事业。也许,这在正统马克思主义者看来是"大逆不道"的,但这恰恰是马克思主义与拉美具体历史条件相结合的必然产物。拉美是个高度天主教化的地区,90%以上的民众皆是天主教徒,毫无疑问,如果教条而僵死地坚持马克思的宗教观而不加以"变通"或发展,马克思主义就不可能在该地区获得任何发展。也许正是基于这样正确的体认,马克思主义在拉美化过程中对宗教持开放态度。同时,拉美基督教基层教会在支持和领导广大贫苦信众参与社会斗争的过程中,形成了激进的基督教左翼思潮。由于相近或相似的"穷人优先"的劳苦大众立场,基督教左翼与马克思主义在参与社会斗争的过程中形成了对话,马克思主义批判性地接受了基督教的某些元素,基督徒被允许入党,左翼基督徒也接受了马克思主义,社会主义成为他们尘世的奋斗目标,切·格瓦拉被称为"尘世中的基督",而卡米洛·托雷斯神父被称为"穿教士袍的切·格瓦拉"。随着相互影响和渗透的不断加深,基督教左翼与马克思主义从联盟到有机统一,不仅产生了解放神学马克思主义这样的理论成果,而且还有大量神职人员直接参与社会主义革命运动,

---

[①] Michael Löwy. *Marxism in Latin America from 1909 to the Present.* New Jersey:Humanities Press,1992,p. xiv – xv.

甚至成为武装游击队员，为共产主义事业献出了生命；米歇尔·罗伊就发现，拉美左翼基督教已经成为革命运动的重要成分，在某些情形中，它甚至是革命的先锋，因为他们的主张比同时期受苏共遥控的拉美共产党还要激进，因而如果不考虑马克思主义对基督教左翼的吸引及其激进化，拉美的许多民族解放运动和革命活动就不能得到很好的理解。[1] 同样，马克思主义在拉美化过程中对印第安神话传统的处理也是成功的。从中可以看到，拉美马克思主义具有一种别样的宗教神话色彩，而宗教乃是古老的印第安美洲人生命的全部，从中已经可以隐约看到切·格瓦拉"新人"的大致轮廓。由此可知，共产主义之于拉丁美洲并不是一群谵妄青年热情的无端发作，而是深不见底的古老传统的回声，是拉丁美洲寻找自身认同的脚步。[2]

第三，"拉美马克思主义"的理论发展具有一个非常突出的特点：它不像西方马克思主义那样，通过从理论到理论的抽象演绎来实现理论发展与创新的，而是在对现实的批判和干预中完成的。因此，"拉美马克思主义"的理论议题和时代主题具有高度关联性，其理论诉求与实践目标基本是一致的。这使得它的研究成果具有一种极为可贵的现实性和实践性品格。在前面的分析中我们已经指出，"拉美马克思主义"接纳的主要是西方马克思主义，而对苏共及其遥控下的拉美共产党所阐释的正统马克思主义则兴趣不大，因而有些研究者就此简单地认为，拉美马克思主义所"接纳"的主要是西方马克思主义者所鼓吹的人本主义思潮，它所崇尚的，说到底是一种人道主义。但事实并非全然如此，"拉美马克思主义"之所以对苏联版马克思主义之所以"兴趣不大"，是因为苏联版"正统马克思主义"的机械决定论和经济还原论倾向，遗忘了马克思主义的"实践原则"；同样，"拉美马克思主义"对西方马克思主义的"接纳"也只是批判性的吸收其强调意识的能动作用等方面的思想元素，而对其缺乏实践性的一面也毫不留情的予以批判；古铁雷斯就认为，阿尔都塞

---

[1] Michael Löwy. *Marxism in Latin America from 1909 to the Present.* New Jersey: Humanities Press, 1992, p. lvi–lvii.

[2] 叶建辉：《拉美马克思主义思想之父——马里亚特吉述评》，《马克思主义研究》2013年第3期。

等西方马克思主义者遗忘了马克思主义的实践品格,只醉心于对马克思主义的纯粹抽象理论化阐释的做法"阻碍了(人们)去研究马克思作品的深层统一性,因而妨碍了人们本应理解的其启发激进持久革命实践的能力"。[①] 其中的缘由在于,"拉美马克思主义"理论发展走的是一条与西方马克思主义"学院化"的理论抽象发展道路截然不同的现实批判与实践介入的道路,它不是停留在书斋中的"解释世界"的学问,而是旨在"改变世界","使现实世界革命化"的理论武器。从我们对"拉美马克思主义"发展里程的梳理中可以看出,其创建者基本上都是实干家,甚或是社会活动家和革命家,他们的理论直接针对现实问题,大部分灵感源于对实践的批判与总结。因此,这些理论成果具有一种极为可贵的现实性和实践性品格。

第四,"拉美马克思主义"的发展是多元化的。拉美各国思想界具有相互影响、相互渗透的传统,由此形成一个多元共识的自我认同与自我识别的整体,即在多元并存的表象下存在作为自我识别与认同的交叉(重叠)共识这一深层根基。此特征在"拉美马克思主义"领域里体现的尤为突出,但"拉美马克思主义"之所以形成这一突出特征却不仅仅是拉美自身的思想传统使然,还有其深层原因:一方面,这自然是马克思主义既强调坚持普遍原理,又强调必须与具体历史条件相结合,既强调国际主义,又强调民族形式等充满辩证思维的基本原理的体现;另一方面却是由马克思主义拉美化的特殊情形所使然的。首先,从源头上看,马克思主义在拉美的传播始终是多元并存的,拉美对各种流派的"马克思主义"始终是开放的,第二国际版的马克思子主义、苏联官方版的马克思子主义、被称为"新马克思主义"的西方马克思主义、托洛茨基主义、毛泽东思想等,几乎马克思主义发展史上出现过的任何一种版本或派别的"马克思主义",甚至是相互矛盾或敌对的,都在拉美获得"合法"的传播与存在,由此也就形成了相应的不同派别的拉美马克思主义理论和政党,进而演化成多元"马克思主义思潮"并存的局面;其次,拉美大部分国家没有像欧洲那样的成熟而数量庞大的无产阶级,占绝对

---

① [法]雅克·比岱主编:《当代马克思辞典》,社会科学文献出版社2011版,第242—250页。

多数的是农民，而且受压迫，被盘剥最深重的是土著和亚非少数族裔，因而从不同群体的立场出发，对马克思主义的接受自然会出现一些分歧，进而导致马克思主义的多元化发展；再次，尽管拉美诸国有着大体相似的处境，面临大致相同的历史任务，但每个国家的具体情况还是有些差异的，因而基于不同国情，自然会形成具有本国特色的"马克思主义"。例如，以苏联官方马克思主义教条为圭臬的"马克思主义政党"就与马里亚特吉等具有浓厚本土色彩的"拉美化马克思主义者"不同，"大都采用教条的革命手册和还原论的观点，蔑视印第安人和农民"；同样在那些印第安人很少的国家就不可能像秘鲁、玻利维亚、委内瑞拉等深受印加文明影响的国家一样，发展出具有浓重土著色彩的马克思主义和社会主义理论。正是基于对拉美马克思主义这种多元化发展的深刻体认，奥马尔·阿查（Omar Acha）和德波拉·安东尼奥（Débora D'Antonio）才警告：尽管任何一个国家在马克思主义拉美化中取得的成功经验，必然会对拉美其他国家和民族产生一定的积极影响，并促进马克思主义在整个拉丁美洲的传播与发展，但"任何地域性的经验都不能成为整个大陆的效仿模式"①。

除了以上特征外，"拉美马克思主义"也还存在一些瑕疵，乃至缺陷。首先，尽管在"拉美马克思主义"的演进历程中，产生了一些具体的理论成果，但这些理论成果显然缺乏体系化的理论表达，还显得比较粗陋，"理论不足"或许是"拉美马克思主义"领域，乃至整个左翼的缺陷；玛尔塔·哈内克尔（Marta Harnecker）就准确指出，"拉美马克思主义左翼面临着理论危机、实践危机和组织危机"，而理论危机是结症所在，因为"理论危机必然导致实践危机与组织危机"；② 其次，"拉美马克思主义"或许还存在一定的主观化倾向；尽管"拉美马克思主义"反对、批判机械决定论和经济还原论无疑是正确的，但它显然有矫枉过正之嫌，且在本土化过程中又过于迁就本土思想资源和理论传统中的主观化倾向，因而导致其存在着过分强调主观能动性，过分重视精神作用，特别是对待宗教神话作用的主观化倾向，显然已经偏离了马克思主义

---

① Francisco T. Sobrino. *Marx in Hispanic America. Socialism and Democracy*, Vol. 24, No 3, November, 2010.

② 袁东振：《拉美地区的当代马克思主义研究》，《社会科学报》2007年11月29日。

"无神论";甚至我们还可以指出其还存在着一定的"民众主义"色彩等等不一而足的"瑕疵"和缺陷。当然,这些简洁概括,也许不足以全面反映"拉美马克思主义"的特点,而且我们不否认基于不同立场与视角概括出来的其他结论或说法;例如,索布瑞诺(Francisco T. Sobrino)就认为,对马克思主义进行拉美式的解读具有异端性、反帝国主义、文化关切、唯意志论、自我批评和拒绝欧洲中心主义等特征。[①] 但我们认为简单而绝对化地判定"拉美马克思主义"是或不是正真的马克思主义都是不恰当的,在此我们不想陷入带有"宗派主义"唯我论色彩的繁琐争论之中,我们相信"拉美马克思主义"肯定存在某些偏离马克思主义基本精神的成分,但也同样有很多创造性发展是符合马克思主义精神的。对此,或许谢尔顿·利斯的看法可以给我们提供某种启示。他在《拉美马克思主义思潮》一书中借用赖特·米尔斯(C. Wright Mills)的见解将"拉美马克思子主义者"分成四类:"僵化的"(dead),即将马克思主义当成神圣不可侵犯的神谕;"庸俗的"(vulgar),即将马克思的某些思想当作整体来加以应用;"迂腐的"(sophisticated),即把马克思主义体系定型化,以教条主义来代替思考与探究;"朴实的"(plain),即相信马克思主义但不把马克思主义教条化,且总是像马克思本人一样开放灵活而又实事求是的工作。[②] 另外,他还猜想,马克思本人并不会赞成只存在一种唯一正宗的马克思主义的狭隘观念,而且马克思本人也不会按照其后继者制定的所谓正宗马克思主义教条体系来思考。因为马克思深谙"理论是灰色的,只有生命之树长青"的道理。

以上对"拉丁美洲马克思主义"的探索历程及其基本特征的简单勾勒,是为"浙江师范大学拉美马克思主义译丛"总序言。

冯昊青　郑祥福
2020 年 8 月 25 日

[①] Francisco T. Sobrino. *Marx in Hispanic America. Socialism and Democracy*, Vol. 24, No. 3, November, 2010.

[②] Sheldon B. Liss. *Marxist in Thought Latin America*. Los Angeles: University of California Press, 1984, p. 2.

前　言

维森特·隆巴多·托莱达诺用了一生的精力去研究墨西哥革命并在斗争中推动墨西哥革命的进程。在其职业生涯中，他当过教师、行政管理人员、国内和国际工人运动的领袖和一个社会主义政党的负责人。他是很多书籍和手册的作者，在墨西哥国内和国外的一些期刊上也发表过文章，还曾创建和指导过许多杂志。

本书侧重研究隆巴多[①]的思想形成发展过程及其成熟思想的内容。本书内容包括隆巴多成为一名工人领袖的经历、社会主义人民党的纲领、组织结构和发展（他当时是社会主义人民党的总书记），从而表明他思想发展的实际成果。第一章主要是他的个人履历资料，这是为了更好地表明隆巴多的实际工作经验与其思想形成发展之间的关系。

关于隆巴多作为劳工领袖和社会主义政党领袖的经历介绍并不具有权威性，仅将作为读者对他有个大概了解的参考。现在这个时候写一部关于他的人物传记是一项艰巨的任务，不仅仅因为隆巴多有着极其多元化和活跃的职业经历，这些经历与半个世纪的墨西哥历史紧密相关；还因为现在并没有一本介绍他基本情况的作品可作为研究的一个起点。墨西哥工人大学（Universidad Obrera）目前正在收集隆巴多生平的资料，这些资料将成为撰写隆巴多传记的基础。

[①]　译者注：本书作者在提到维森特·隆巴多·托莱达诺时，简称大多用中间名隆巴多，偶尔用维森特或拖莱达诺。

隆巴多在行动和思想上都是马克思主义者。检验马克思思想的最好方法是检验其作为人类行动指南的有效性。因此，在结论中，我试图通过比较隆巴多思想的实际意义和客观现实，对他的思想进行纯粹的尝试性评价。像所有的思想家一样，隆巴多在历史上的威望将取决于他的思想对人类社会的实际作用。

罗伯特·保罗·米隆（Robert Paul Millon）

墨西哥城 （Mexico，D. F.）

1966 年 3 月

致　　谢

我想感谢北卡罗来纳大学教堂山分校（University of North Carolina at Chapel Hill）的沃德尔纪念奖学金（Waddell Memorial Fellowships）委员会、格蕾丝和亨利·多尔蒂奖学金基金会（Grace and Henry Doherty Fellowship Foundation），他们的经济资助使我可以在北卡罗来纳教堂山、华盛顿特区、墨西哥城进行研究。我很感激维森特·隆巴多·托莱达诺和社会主义人民党其他成员花费时间和精力帮助我寻找此项研究所需的材料。最后，我尤其要对北卡罗来纳大学教堂山分校历史学教授哈罗德·比尔克（Harold H. Bierck）表示感谢，在他指导下的博士论文是我目前这本书内容的基础。

目 录

第一章　早年职业生涯和思想形成阶段 …………………………（1）

第二章　新指导思想：马克思主义哲学 …………………………（22）

第三章　帝国主义和墨西哥的经济 ………………………………（32）

第四章　墨西哥的社会结构和政治结构 …………………………（44）

第五章　人民民主与社会主义：新人文主义 ……………………（59）

第六章　国际关系 …………………………………………………（68）

第七章　劳工领袖时期（1933—1962年） ………………………（86）

第八章　社会主义人民党 …………………………………………（113）

第九章　总结和结论 ………………………………………………（133）

中英对照与中西对照 ………………………………………………（147）

第一章　早年职业生涯和思想形成阶段

维森特·隆巴多·托莱达诺所出生和成长的家庭与社会阶层环境中,马克思主义思想是不被人所知的、未被表达的,甚至是歪曲理解的,他相当自然地接受了导师们的理想主义(idealism)哲学思想。然而,由于他在20世纪20年代作为墨西哥劳工运动成员的经历,以及作为1910年墨西哥革命思想以缓慢而矛盾的方式在实践中实现的观察者,他的思想发展方向发生了改变。在20世纪20年代末,他对马克思(Marx)、恩格斯(Engels)、列宁(Lenin)等人的著作进行了深入彻底的研究,到1930年他把自己看成是一名辩证唯物主义者。

隆巴多1894年7月16日出生于普埃布拉州(Puebla)的特休特兰(Teziutlán),他的父母都是中产阶级。[①] 他的祖父是一名坚定的加里波

[①] 本章介绍的个人信息源自如下资料:维森特·隆巴多·托莱达诺本人亲自提供的信息、阿尔弗雷多·歌瓦河·拉米亚(Alfredo Kawage Ramia)的《与隆巴多·托莱达诺》(*Con Lombardo Toledano*)、《随机》(*passim*)上发表的《一个男人、一个国家、一个大陆》(*Un Hombre, una Nación, un Continente*)(墨西哥,1943年:16 – 24)、恩里克·拉米雷斯·拉米雷斯(Enrique Ramírez y Ramírez)出版的《维森特·隆巴多·托莱达诺的工作和斗争》(*La Obra y La Lucha de Vicente Lombardo Toledano*)(墨西哥,1952年:3 – 10)、维森特·隆巴多·托莱达诺在期刊《未来》(*Futuro*)的《墨西哥工人阶级的武装分子》(*Un Militante de la Clase Obrera de México*)(1941年3月:35 – 42)、墨西哥工人大学出版的《维森特·隆巴多·托莱达诺》(*Vicente Lombardo Toledano*)、《简历》(*Curriculum Vitae*)(墨西哥,1961年:1 – 10)(参见附录A)、维纳·卡尔顿·米兰(Verna Carleton Millan)出版的《墨西哥的浴火重生》(*Mexico Reborn*)(波士顿,1939年:80 – 83)、《回顾访谈》(*Revista del Trabajo*)上发表的《墨西哥工人领袖隆巴多·托莱达

第①（Garibaldi）支持者，为了响应墨西哥政府对农业专家的援助需求，举家从意大利搬到了墨西哥。三年改革战争（1857—1860 年）的动荡使华雷斯（Juárez）政府无法履行对移民者的承诺。尽管如此，拥护加里波第的人下决心留下来；隆巴多的祖父很快在韦拉克鲁斯州（State of Veracruz）建立了古铁雷斯·萨莫拉村（Gutiérrez Zamora）并取得成功。后来，隆巴多一家搬到了更舒适健康的特休特兰（Teziutlán）。在那里，维森特度过了他的青少年时期。他的父亲通过当旅行商人积累了一笔小财富，主要是在墨西哥中东部的一个大区域出售各种保险、石油产品和其他小商品。与此同时，他的祖父也积累了一些财富，利用在都灵（Turin）受到的采矿工程培训，发现并开采了一座铜矿。

年轻的隆巴多和阿维拉·卡马乔兄弟一起就读于特休特兰的一所非宗派小学，兄弟中的一人在后来成为墨西哥总统，即曼努埃尔·阿维拉·卡马乔（Manual Ávila Camacho）。1909 年，隆巴多的父母把他送到墨西哥城的国立商学院学习；然而，他却选择参加国立预科学校（National Preparatory School）的五年制课程。当时这所学校非常重视科学并且提供了十分全面的教育。隆巴多最先感兴趣的是工程和数学，后来是生物科学，最后是哲学。毕业后，他同时参加了墨西哥国立大学（National University of Mexico）的法学院和高等研究院（哲学和文学）提供的课程。

在隆巴多读书期间，墨西哥大学正受到 1910 年代知识分子的影响。这些知识分子反对先前波费里奥·迪亚兹（Porfirio Díaz）时代的实证主义，其中以安东尼奥·卡索（Antonio Caso）最为出名。实证主义的基本假设当然是一切真实都可划归为可知事物的属性。换句话说，只有那些可

（接上页）诺接受"回顾访谈"的访谈》（Lombardo Toledano, Líder de los Trabajadores de México, es Entrevistado por la "Revista del Trabajo"）（1941 年 1 月第六期：8 - 9）、《当前传记》（Current Biography）（纽约，1940 年：516 - 517）、《谁的谁在拉丁美洲》（Who's who in Latin America）第二版（斯坦福，1940 年：286 - 287）、迈克尔·里塔·马丁（Michael Rheta Martin）和加布里尔·洛维特（Gabriel H. Lovett）的《拉丁美洲历史百科全书》（An Encyclopedia of Latin American History）（纽约，1956 年：225）；《世界传记》（World Biography）（纽约，1948 年第 2 期：2852）、米格尔·安赫尔·佩拉尔（Miguel Angel Peral）的《墨西哥传记词典》（Diccionario Biográficl Mexicano）（墨西哥，1944 年第二期：453）、《国际名人录》（The International Who's Who）（伦敦，1952 年：581 - 582）。

① 译者注：加里波第是意大利独立和解放运动著名领袖、民族英雄、军事家，意大利建国三杰之一。

以被意识感知到的事物才是存在的。在经验观察的基础上，对于一些行为，科学能够通过一般性概括或规律解释其现象，但却没有办法解释为何会有这种行为。实证主义者认为，通过向所有墨西哥人传授实证科学所证明的基本真理，可以为墨西哥社会带来永久的秩序。社会秩序将为永久的物质进步铺平道路。科学是带领墨西哥人民走向有序和进步的上帝。

在迪亚兹时代，实证主义哲学成为统治墨西哥的寡头政治的意识形态武器。在社会实际生活中，"秩序"意味着保持寡头政治下的经济、社会和政治等方面的特权；同时，"进步"意味着寡头统治集团的财富积累。

从19世纪70年代到20世纪的头十年，通过国立预科学校的教育，实证主义思想影响了几代墨西哥人。在政治圈里，实证主义成为一小撮围绕着波费里奥·迪亚斯的有影响力的律师、金融家和政治家的官方信条。这些人被大多数墨西哥人鄙视，一般称他们为"科学家"（científicos）。他们既利用实证主义学说为其中饱私囊和政治权力的垄断作辩护，也利用它来提升自己的社会地位。按照这些"科学家"的说法，为了磨炼墨西哥人民的思考能力，对本国人的国民生活进行指导是至关重要的。此说法在弗朗西斯科·布拉内斯（Francisco Bulnes）的著作中有很好的体现。通过一种收集大量统计数据的伪科学的写作方式，布拉内斯嘲笑墨西哥的民族英雄，贬低她的印第安血统和西班牙血统，批评墨西哥（和拉丁美洲）强调艺术和普世价值。布拉内斯认为，墨西哥更需要倡导艰苦奋斗和建设物质文明。

1908年成立的雅典耀青年组织（Ateneo de la Juventud）试图拒绝接受实证主义对墨西哥人生活的影响。该组织成员是1910年代的那代人，有哲学家安东尼奥·卡索（Antonio Caso）和何塞·巴斯孔塞洛斯（José Vasconcelos），有随笔作家阿方索·雷耶斯（Alfonso Reyes）、胡里奥·托里斯（Julio Torris）和赫苏斯·阿塞维多（Jesús T. Acevedo），有诗人恩里克·冈萨雷斯·马丁内斯（Enrique González Martínez）。这群人的共同目标是促进墨西哥人民的道德启蒙教育和提高他们的精神素质。为了培养墨西哥青年对精神价值的追求，他们批评并拒绝接受实证主义的功利主义（Positivistic utilitarianism）。这些思想家认为，生活的本质不是追求物质财富，而是追求实现更高的人类道德理想和精神境界。因此，这种哲学上的理想主义流派通常被称为"唯心论"（spiritualism）。

雅典耀青年组织成员被当代欧洲哲学中的理想主义或唯心论的理论所深深吸引，其中最有影响力的是亨利·柏格森的直觉主义（Henri Bergson's intuitionism）。柏格森用一个命题动摇了实证主义的哲学基础，即对于整体经验而言，仅仅通过理性（和科学方法），得不到完整的且无错误的认识。经验的真实的内在实在只能通过直觉来获得；通过直觉，人类的心灵可以把握经验中流动的、自发的、有创造性的本质。柏格森认为这点"极其重要"，它源于上帝。

雅典耀青年组织成员对当时墨西哥的教育制度尤其不满。从1860年代后期开始，这一教育制度在加维诺·布雷达（Gabino Barreda）的影响下形成。它反映其倡导者的实证主义理念和对精密科学教学的强调。在大多数墨西哥人眼里，加维诺·布雷达是墨西哥教育史上的一位杰出人物，他的教育改革带来了许多有益的变化，尤其是消除了传统学术对墨西哥教育的诸多影响。但是，在1910年代的知识分子看来，实证主义教育缺乏文化的广度和深度。他们这一观点也影响了当时的大学教育和预备教育。如隆巴多所就读的高等院校，成立于1910年，其教育宗旨正好是要弥补旧教育在人文教育方面的不足。但是，如同前面所提到的，通过早先的预备培训，隆巴多同样从强调实证科学的研究中获益良多。

隆巴多的思想受到1910年代的理想主义者、唯心论者、反理性主义者和反实在主义者等的影响。作为一名学生他一直是聪明好学的，因此，他成了哲学家安东尼奥·卡索得意门生之一，而后者是墨西哥最有才能的拥护理想主义和直觉主义的哲学家。虽然隆巴多后来接受了辩证唯物主义思想，同卡索哲学的基本命题不一致，但卡索对他的影响还是很重要的，在某些方面甚至是永久性的。卡索的人文主义思想对隆巴多的影响极其重要，该思想强调人生目标是通过充分发挥人的潜能来获得幸福。根据卡索的说法，每个人要活的有价值就必须充满勇气、热情和艺术地为可实现的理想奋斗。另外，几乎可以肯定的是，隆巴多受到卡索的强烈的民族主义意识的影响，因为他渴望帮助建立和提升民族文化。最后，隆巴多的社会意识也一定得到了激发，因为卡索虽然是财产私有制的拥护者，但仍然对资产阶级的不受限制的个人主义持批评态度。卡索谈到个人和社会是不可分割的整体，并警告不要过分强调其中的任何一方。同样地，卡索谈到人类价值观的社会起源——尽管他也宣称这种价值观是绝对的和永恒的。卡索从来没有解决或显然也从来没有试图解决自己思想中的矛盾。

卡索对隆巴多的影响是显而易见的。回顾隆巴多一生，人们会注意到他强有力地表达了他的活动动机和目标是具体实现人类理想和人类潜能。当然，人们不可能确切地知道隆巴多思想的形成在多大程度上受卡索和1910年代的其他知识分子的影响，又在多大程度上是因为他自身的智慧、勇气和富于探索的精神等个人品质。这些个人品质对于年轻人理想主义和利他主义观念的形成似乎也有影响。当然，卡索的影响有助于培养这些观念。

在隆巴多的学生时代，卡索和其他教授都忽视了马克思主义，一部分原因是没有一流的西班牙版的马克思主义著作，另一部分原因是隆巴多的理想主义倾向使他没有去探究马克思主义的根源。对于马克思的社会主义，隆巴多自己基本上没有进行过任何研究。一直到1918年，隆巴多才偶然发现了列宁的西班牙版的《唯物主义和经验批判主义》（*Materialism and Empirio-Criticism*）。但是这一版本的翻译是如此的糟糕，以至于他根本看不懂。

通过隆巴多的早期文章，可以看出他深受唯心论哲学思想训练的影响。1918年5月5日，在铁路工人联盟（Alliance of Railroad Workers）的民众大学（Universidad Popular）的资助下，隆巴多发表了一篇演讲，名为《英雄对社会进步的影响》（*La Influencia de los Héroes en el Progreso Social*）。从这篇演讲可以看出，柏格森的直觉主义思想对隆巴多有很深的影响；而他一生中都在宣传的（非哲学的）理想主义、人文主义和民族主义在这里也有所触及。在讨论天才与社会间的关系时，隆巴多的态度在托马斯·卡莱尔（Thomas Carlyle）和希波勒特·泰纳（Hippolyte Taine）之间，前者认为天才造就社会，而后者则认为社会造就天才。隆巴多非常重视理想和幻想所带来的积极影响。尽管有合理的怀疑，但还是通过直觉信念坚信自己的理想和幻想，并采取行动。隆巴多表示，在某种程度上，他几乎是认同怀疑论者的观点的，即"智慧使我们怀疑一切；从不妥协；如果你想快乐，那就要约束你的聪明才智而不是过度使用它"。

该演讲处处提及古希腊哲学家和理想主义哲学家的思想,包括了亨利·柏格森的思想,其形式是具有极高文学性的典故。在此之后的演讲中,隆巴多虽然也提及这些思想,但要简洁得多,与此形成了鲜明对比。

隆巴多发表的第二篇文章是他的法律学位论文,题为"公法和新哲学思潮"(El Derecho Públicoy Las Nuevas Corrientes Filosóficas)。把它和隆巴多后来的思想作对比,你会发现它很有趣。在这篇文章中,隆巴多试图强调哲学和国际法中出现的新思潮,用它来取代个人和国家拥有绝对自治权利的旧观念。新思潮不仅仅强调了个人和国家的权利,也强调了对其他个人和社会实体的相应义务。对于基于个人和社会的权利与义务的国际法,新思潮中的新概念是它的治理基础。

顺着这一思路,隆巴多在思想上接受了伍德罗·威尔逊(Woodrow Wilson)的论点,即一个国家干涉他国内政的前提是确保不会破坏该国原有的具有群众基础的政权。

此外,隆巴多还快速查阅了1917年的《墨西哥宪法》,以便查询是否可能存在与法律和哲学中的新思潮相悖的规定。他详细审查了第123条所规定的利润分享的规定。他声称,这一规定是基于虚假的马克思主义剩余价值理论。他警告说,"墨西哥需要外国资本,但是如果这些外国资本得不到充分的自由保障,就不会倾向于在我们的土地上投资。"到此为止,隆巴多得出结论,第27条、第3条和"其他的"障碍不仅会妨碍"人类物质和精神活动的自由发挥",还会妨碍"共和国自身的发展以及获取解决将来出现的国际争端的资源。某些争端已经出现,我们正成为见证人,值得庆幸的是这些争端正在被解决。"

隆巴多在这里所批评的是第3条、第27条和第123条。这些条款会规定劳动和土地的改革、国有资源的所有权改革以及对教会权力进行约束的改革。后来,这些条款中的一些特征被他看作是宪法发展的核心要素。

后来,隆巴多被认为是墨西哥最重要的马克思主义理论家。但是,我们可以注意到一个有趣现象,即他早期是反对马克思主义的。尽管在这篇论文中他将《共产党宣言》(Communist Manifesto)称作"十九世纪最重要的文献",并将卡尔·马克思(Karl Marx)称为"道德学说和政治学说历史上最重要的世纪人物",他还是完全轻蔑地拒绝了马克思的思想。对此,他没有作过任何详细说明。

如今,隆巴多欣然承认他早年对马克思的著作一无所知。这一点在他的法律论文中表现得最为明显。因此,隆巴多并没有在他的参考文献中列出任何一篇马克思的著作;他在脚注中对马克思的讨论,也只列出了两个相当模糊的"二手文献",明显的错误数不胜数。隆巴多不仅犯了将马克思逝世日期列为1863年而不是1883年的小错误(这可能是一个印刷错误,但在纠错表中也没有纠正),他还犯了一个大错误,即路德维希·费尔巴哈(Ludwig Feuerbach)是马克思在其著作《哲学的贫困》一书所提到的《贫困的哲学》的作者,但他却错误引用为皮埃尔·约瑟夫·蒲鲁东(Pierre Joseph Proudhon)。① 此外,他声称《政治经济学批判》(Critique of Classical Political Economy)比《资本论》(Das Kapital)或其他著作更重要,因为它是马克思早期形成历史唯物观的开端,但实际上历史唯物主义的思想在马克思更早的文章中已经出现,且在《共产党宣言》中以更成熟的形式出现。最后,在简要介绍马克思的唯物史观时,隆巴多夸大了在社会发展中马克思对经济因素作用的重视,而忽视了马克思所强调的经济因素与其他因素间的相互作用。

在他的法律学位论文的结尾,隆巴多赞扬了蒲鲁东的"纯粹的社会主义"(pure socialism)。这是对"无力解决重大时代问题的经济个人主义"的一种公正回应,并将其与他认为庸俗和不科学的马克思的社会主义进行了对比。

隆巴多批评马克思的剩余价值理论是"错误的"和"异想天开的"。隆巴多复述了两个古老的关于利润本质的论点——利润是进行生产必不可少的激励和利润是"资本的报酬"。用隆巴多自己的语言来表述的话,利润是企业家的才能投入生产后所得到的报酬。

隆巴多在这篇论文中的整个论证都是哲学上的理想主义,强调自由意志和道德责任。他的出发点和康德(Kant)、叔本华(Schopenhauer)、詹姆斯(James)和柏格森等人是一样的,要为"精神追求、个人价值、

---

① 译者注:这里作者出现了失误。隆巴多并没有犯作者所提到的大错误,马克思的《哲学的贫困》中所批评的《贫困的哲学》的作者确实是蒲鲁东,不是费尔巴哈。

事物的实质性实在，宗教情感存在的长期性、形而上学思辨的价值和公正的道德自治"等观念重新作辩护。这些观念与他所认为的"十九世纪错误的理智主义"（intellectualism）、实证主义和各种形式的唯物主义等观念是相反的。

在他早期的生活中，隆巴多是中产阶级知识分子的典型代表，是支持革命的自由派。但是，隆巴多有极大的社会意识（social consciousness）和为全社会奋斗的理想主义和人文主义思想（与为个体奋斗是不同的），这些成为他后来信仰马克思主义的萌芽。当然，这种社会觉悟并不是隆巴多个人所独有的，当时自由派的许多其他知识分子也都有这种社会意识。

是什么原因使得隆巴多在后来成为一名马克思主义的社会主义者呢？当时同时期的一些其他人仍然是中产阶级自由主义者，如路易斯·卡布雷拉（Luis Cabrera），还有一些则与法西斯主义者有染，如何塞·巴斯孔塞洛斯。促成这一变化的因素当然有很多。隆巴多的（非哲学上的）理想主义和人文主义的深度，个人品质上诚实和勇气的高度，肯定起到了一定的作用。当然最重要的是，从他早期开始就一直保持着的同墨西哥劳工运动之间的关系。在他漫长的职业生涯中，隆巴多为劳工运动的发展作出了巨大贡献。反过来，劳工运动的发展也对他的个人自身的发展产生了重大影响。

从1917年开始，隆巴多与墨西哥工人阶级的关系开始变得密切起来，当时他被任命为一所名为"民众大学"的学校的秘书，该学校成立于1912年，由雅典耀青年组织的成员所创立，其目的是在民众中传播人文主义文化的种子。该大学实际上由作为秘书的隆巴多全权负责管理。此外，他还在主要由工人组成的听众面前做一些公开演讲。

作为该所大学的代表，1918年5月隆巴多参加了在科阿韦拉州（Coahuila）萨尔蒂约市（Saltillo）举行的劳工大会，该大会组织成立了墨西哥工人地方联合会（Confederación Regional Obrera Mexicana, CROM）。尽管在该次大会中隆巴多所起的作用很小，但是在他建议下组织成立了工人的文化中心。

同年，隆巴多开始在国家预科学校教授道德课程。次年，他获得了墨西哥国立大学的法学和哲学学位。他对劳工运动的兴趣越来越大，这使他在1920年组织成立了墨西哥的第一个教师工会。

1921年，隆巴多被任命为联邦区政府（Federal District Government）的首席书记官（高级官员），他获得了与墨西哥郊区的工人和农民直接接触的机会。在他的能力范围内，他经常主动参与联邦区农村的土地分配工作。作为联邦区政府的代表，隆巴多在得克萨斯州的伊斯塔帕拉帕（Ixtapalapa, D. F.）举行的第一届农业大会上发表了讲话，其中有对土地改革方案的辩护。他未来思想的萌芽在这次讲话中体现得十分明显，这点同他早先其他的讲话是一样的，因为他声称墨西哥革命的真正的革命原则已经记载在1917年墨西哥宪法第27条（土地改革）和第123条（劳动改革）中；在宪法的其余部分，他仅简单复述了1857年宪法中陈旧的雅各宾规则（Jacobin precepts）。他没有提到自己先前对这些条款的批评。此外，隆巴多指出，法律理论和法典没有绝对的社会根源和基础，必须随着社会先决条件的变化而变化。除了对法律进行社会视角的解释外，隆巴多还提出人们会逐渐觉醒，想要用真正的民主取代代表少数人利益的旧政党制度和政治统治。在整篇演讲中，隆巴多对墨西哥国家发展的关注一直都很明显。

1922年，隆巴多发表了两部作品：《伦理学》（Ética）和《公法的定义》（Definiciones sobre Derecho Público）。在前者中，安东尼奥·卡索对隆巴多思想的持续影响是显而易见的。《伦理学》关注的是如何对学生的道德价值观进行教育的方法论研究。隆巴多关心的是通过加强对青少年道德品行的教育促进墨西哥民族的发展。他声称，在提高学生的道德境界和理解能力方面，学校必须通过直观的苏格拉底式教学方法或实用主义教学方法，作出规范且系统的努力。伦理观念必须经受得住检验、讨论和批评。就小学生而言，讲授伟人的传记和说教故事也必须经受得起检验和讨论。因此，尽管受到家庭教育和经历的影响，每个学生都可以自由地按其意愿选择并形成道德概念体系。伦理观念是属于独立发展的绝对理想范畴。

隆巴多《伦理学》中对马克思主义的关注是值得注意的。虽然他认为历史唯物主义是"错误的"，但是在他的法学论文中，他并没有敌视马克思主义。他甚至宣称，历史唯物主义和无政府主义（anarchism）"在本质上都包含了某种真理，就像所有人类反对暴政的深刻辩护也都是如此"。然而，自由主义被断然拒绝，理由是它是"绝对错误"的，阻碍了"全人类轰轰烈烈的正义运动"。隆巴多不仅没有给出什么是"自由主义"的具体定义，也没有挑出某个特定的自由主义者的观点进行批判。然而，从他对"自由主义"一词的使用可以假定，他指的是为理想的竞争性资本主义提供意识形态支持的相当松散的概念体系。

在《伦理学》中，隆巴多强调了归纳推理（inductive reasoning）、系统思想（systematic thought）相近的实用本质，存在的就是现实的（being is becoming），以及自由主义思想不能完全满足现代社会的需求等。没有必要再作详细说明，我们已经可以从中发现隆巴多后来会接受辩证唯物主义（dialectical materialism）的思想萌芽。（当然，这些观点也可以在各种哲学中找到——而就隆巴多而言，很可能是源于实证主义——但是，当时隆巴多没有给予这些观点丰富而复杂的辩证唯物主义的解释。）另外，他对自由意志和思想的绝对本质强调，使他的论证总体上有很强的哲学上的理想主义色彩。这与他未来的知识取向完全不一致。

在《公法的定义》中，隆巴多提到的社会意识已有显著发展。许多进步思想也在该文中得到体现。他批评了自由主义的法律观和人权观，声称没有伴随个体出生就拥有的自然权利；这是"没有实在性的抽象"概念。此外，并非人人平等，人们拥有的能力和需求是不同的。法律实际上"是社会生活的结果，是满足特定人群的精神需要和物质需要的结果"。法律有助于将社会紧密联系在一起，促进社会团结，从而（通过暗示）促进社会生存。法律由掌控公共权力的一小部分群体所制定，并在社会中执行。但是，这些法律必须能促进社会团结和建设社会集体生活，否则它们将被取消。在该书的前面部分，隆巴多认为社会正朝着某个阶段发展，在这个阶段，每个人都可以根据自己的能力自由地做出贡献，每个人也都会根据自己的需要得到回报；在该书的结论部分，每个人得到回报多少的依据变成了自身能力的大小。因此，在该书中，隆巴多似乎一度坚持共产主义社会的价值观（按需分配）；然而，在结论部分，他所拥护的价值观变成了社会主义的价值观（按劳分配）。

隆巴多对自由主义的批评及其对法律社会起源的概念化，与马克思主义者对同一现象所作的解释相对应。然而，与马克思主义分析所预期的相反，除了陈述法律是由并且仍然是由统治集团所制定外，隆巴多没有讨论法律与社会阶级的关系，也没有提出社会变革（或法律变革）的动态概念。

1923年，隆巴多迈出了一大步，与墨西哥工人阶级建立了更多的联系。在成为20世纪20年代最重要的劳工联合会——墨西哥工人地方联合会——的中央委员会（the central committee）的成员后，他开始了作为劳工领袖的漫长职业生涯。作为该组织的教育秘书，他的职责主要是给予雇主发生冲突的成员提供法律援助，并且在劳动法、工会权利、劳工史、墨西哥史和世界历史、自然科学和文化等方面教育工人。一言以蔽之，进行任何能够提升工人的常识和阶级意识的知识。

路易斯·莫罗内斯（Luís Morones）是劳工联合会的秘书，他和他的同僚们都是墨西哥工人地方联合会的领袖，都很腐败。这个领袖团体最初有18名成员，被称作行动小组（Grupo Acción），他们掌控了劳工联合会。为了增强行动小组成员的政治影响力，他们组建了一个政党，即墨西哥劳工党（Partido Laborista Mexicano，PLM）。此外，行动小组打算控制墨西哥的每一个工会。在国家政府的协助下，他们几乎成功完成了这一计划。行动小组成员获得财富的部分原因，是他们强迫工业家行贿以解决劳动纠纷。比起阶级斗争，他们更注重劳动力和资本的合作促进经济发展。在普鲁塔尔科·埃利亚斯·卡列斯（Plutarco Elías Calles）将军担任总统期间，莫罗内斯担任工业部长。

墨西哥工人地方联合会的政策取得了一些积极成果。它与政府的合作，有助于政府尝试采取措施重建半封闭的墨西哥经济和社会结构，如重新划分土地和增加产业工人对自身权利的认识等措施。墨西哥劳工被组织起来，其权利也得到了墨西哥历史上前所未有的尊重。工人们的努力取得了一些成效，如更高的工资，工伤和无理解雇的情况下更高的赔偿金。然而，这种与政府合作的政策也产生了一些负面问题，因为比起提高工人阶级的利益，该联合会的领袖更关心的是如何通过政治操纵保障他们的个人利益。工人阶级追求自身阶级利益的独立行动被减弱了。

行动小组的成员认为隆巴多的工作是转移工人的注意力，当领袖们忙着利用他们的职位来增加其个人财富时，工人们能够得到情感上的满足。隆巴多知道这些领袖们的行为，也知道他们希望自己在劳工联合会中所要扮演的角色。但是，作为教育工作者和法律顾问，他非常认真地对待自己的工作，在墨西哥各地进行了数百次演讲。他意识到，通过这些行为能够提高工人的阶级意识和增强工人之间的团结。他相信在未来的某一天，这将有助于工人们摆脱这些错误的领袖，并组建一个独立的、激进的联合会。作为一名新手，如果隆巴多一开始就勇敢地批评这些领袖的腐败行为，那么他就会被驱逐出联合会，从而不能对数十万名成员有任何的影响。隆巴多的所作所为源于一种信念，即理论和实践必须统一起来，如果革命者要发挥作用，就必须始终与工人保持密切联系。当然，马克思主义者的态度也是这样的。

在担任墨西哥工人地方联合会的劳工领袖期间，隆巴多继续着他的学术事业和公共事业。在 20 世纪 20 年代和 30 年代初的学术事务中，隆巴多担任过各种不同的职务，如国立大学国家预备学院院长、国立预备夜校创始人兼主任、国立大学外国人暑期学校校长以及国立大学国家造型艺术学院院长等。1918—1933 年，隆巴多在国立预科学校、法学院、国立大学工商管理学院等担任过教授。

此外，在同一时期（1918—1933 年），隆巴多还担任过学校工作之外的各种公职，如联邦区政府首席书记官、公共教育秘书处的图书馆馆长、普埃布拉州的临时州长、墨西哥城政府议员和两次国会会议期间的代表。他能够担任其中的大部分职务的原因主要是受益于行动小组的政治影响力。

在隆巴多担任州长、市议员和国会代表期间，他是一名墨西哥劳工党的党员。隆巴多在 1923—1924 年当了几个月的普埃布拉州临时州长，因为原来的州长反对以阿尔瓦罗·奥夫雷贡（Álvaro Obregón）将军为首的国家政府，对德·拉·韦尔塔叛乱（the de la Huerta rebellion）表示支持。与隆巴多之前和之后的腐败的州长们相比，隆巴多的治理坚守诚信原则，愿意让各方意见达成统一。

到 1924 年，隆巴多明确主张墨西哥逐步过渡到社会主义社会。这种态度并不违背墨西哥工人地方联合会内部和政府内部的大部分意见。然而，通常与社会主义有关的措辞仅仅是用来讨好工人的工具。隆巴多的向社会主义进化的理念给人的印象是真实的。

1924 年 11 月，在奇瓦瓦州（Chilhuahua）华雷斯市（Ciudad Juárez）举行的墨西哥工人地方联合会第六次全国代表大会上，隆巴多提交了一份报告，题为"墨西哥的教育问题"（*EL Problema de la Educación en México*）。在这份报告中，隆巴多声称墨西哥的教育已经陷入危机。在全国范围内对教育理论进行了各种探讨，但尚未找到明确的方向或统一的方案。隆巴多认为，这场危机的根源在于，墨西哥的思想是半社会主义的。虽然，他没有提出一套完整的理论和实践计划来克服墨西哥教育中的这些困难，但他确实提出了一些有趣的建议。

在该报告中，隆巴多强调，在特定社会阶层的重要利益方面，教育是不可能保持中立的。因此，他认为应该促使教育为工人阶级的社会合法利益服务。教育应成为墨西哥逐步社会主义化的主要动力和先决条件；教育将使工人能够取代拥有基本知识的特权垄断者。应该指出的是，隆巴多的立场是理想主义的，因为他没有将工人的总体知识水平的提高与国家的工业化水平相联系，而后者需要较高一般知识水平的熟练劳动力。

隆巴多秉持着自身的教育立场，强调对墨西哥而言增进全国各民族之间的理解和团结是十分重要的。除了上面提到的基本概念外，隆巴多还建议建立特殊学校以适应墨西哥各印第安人群体的特殊需要来解决墨西哥的教育危机。这些学校将承认和发展各印第安部落土著文化中的积极方面，并学习墨西哥民族文化中进步的方面。与他后来对这问题的看法不同，隆巴多并没有提到用印第安人的母语对他们进行教育。隆巴多对墨西哥种族问题的诸多看法，被墨西哥当时的进步人士所普遍接受。

关于教育问题，隆巴多还有许多其他的想法：要求创建技术学校，因为工匠的培训绝不应妨碍工会的组织；必须打破某个社会阶层对大学教育的垄断，大学必须致力于与墨西哥问题有关的科学研究；必须"根据社团原则（corporative principle）"把教师组织在一起解决墨西哥教师在社会价值取向方面的缺陷；必须特别重视妇女教育。最后，在谈到墨西哥工人地方联合会的作用时，隆巴多呼吁在学校建立这个劳动联合会。因为通过这种方式不仅可以对墨西哥所有地区的教育需求进行科学研究，还可以召开全国教师代表大会研究无产阶级的教育问题，更可以让墨西哥工人地方联合会在全国开展教育宣传活动。

在整篇报告中，隆巴多继续表达了在他早期文章中所体现的强烈的民族主义情感。除了极力表达对墨西哥各民族团结问题的关注外，在报告的好几个地方，他还反对引入不符合墨西哥现实的外国教育思想。

通过这篇报告可以明显看出，隆巴多不仅继续关注教育制度，还终生不断深化分析各种形式的教育制度中存在的问题。他在社会主义思想倾向方面的增强和对工人阶级教育问题兴趣的深化是可以预见的，如他在1936年创建了一所专门对工人阶级干部进行马克思主义教育的工人大学。

1926年，隆巴多出版了他的第一本重要代表作《墨西哥的工会自由》(*La Libertad Sindical en México*)。这是本学术著作，他写得很好。该书是为响应日内瓦国际劳工局（International Labor Office in Geneva）对此类工作的具体要求而编写的。该书是世界范围内工会自由研究的一部分。该工作追溯了墨西哥劳工运动的历史和法律演变，并讨论了当代墨西哥的雇主协会类型和劳工协会类型及其相应的法律权利，以及采取行动提高各自利益的可能性。隆巴多的主要结论如下："我们在本研究开始时就说，从法律的字面上意义说，墨西哥的工会自由是国家为无产阶级的整体解放而创造的新道路，对于资本家来说，这是一种仅限于保护其（无产阶级）物质利益的权利。正如我们所看到的，这种说法符合现实。"

在该书中，隆巴多对墨西哥争取工会权利的斗争进行了有趣的解释。许多学者认为墨西哥政府的作用是压倒一切的。虽然认同墨西哥政府的重要性，但是隆巴多还强调了工人日常的斗争迫使雇主和国家在实践中接受法律正式授予工人的权利的重要性。他特别强调，工人阶级的斗争，总的来说，没有得到知识分子的支持，也没有得到中产阶级的支持。在这方面，应该指出的是，尽管隆巴多确实讨论了政府代表劳工介入劳资纠纷的问题，但他没有提到墨西哥工人地方联合会文件中所显示的对工人的偏袒。

隆巴多的社会主义思想与他在1924年所表达的相似。他对墨西哥工人地方联合会大会中通过的决议以及其领导人的公开声明中所阐述的指导理念进行了冗长的阐述。他声称，墨西哥工人地方联合会的目标是"财富的社会化和国家组织的变革"。为了实现这些目标，工人阶级运动最终有必要获得对政府的完全控制。与此同时，隆巴多完全拒绝共产主义（和无政府主义）的思想和党派，认为他们与墨西哥的经历和现实背道而驰，且或多或少受到外国资金的影响和外国的控制。因此，在墨西哥工人地方联合会的策略所取得的成果的基础上，他为其作辩护，转而批评左翼团体——墨西哥共产党（Mexican Communist party，PCM）、工人总联合会（General Confederation of Workers）和其他人的策略，因为他们的不切实际和随之而来的极少的积极结果。在所有的这些讨论中，他从未提及墨西哥工人地方联合会的腐败问题，特别是其行动小组的腐败问题。事实上，他很少提到行动小组，只是在脚注中以非贬损的、解释性的方式提到过一次。

隆巴多的写作有很强的民族主义特点，这不仅表现在他以前的写作中，在他对"外国意识形态"的批评中也再次证明了这一点。如下引文是对他这一写作特点最清楚的证明，描述了他所认为的墨西哥革命（Mexican Revolution）的显著特征："墨西哥革命有一个独特的特征，使它超过了自身的错误：这一直是一场由真正的墨西哥人民再次发动反抗压迫的运动。正如我们已经说过的那样，自1915年以来，已经可以清楚地看到，墨西哥不是一群人的墨西哥，而是各种人群的联合体；为了建立一个由各种人群组成的国家，必须不惜一切代价实现这些群体的统一……"

作为墨西哥城市的政府代表，隆巴多出席了1925年在纽约市举行的世界城市化会议。他利用纽约市优秀的图书馆设施和众多书店搜寻英文版的马克思主义书籍，因为当时一流的西班牙语版的马克思主义著作仍然很少。回到墨西哥城后的六个月时间里，隆巴多几乎每个晚上都要研究他在纽约购买的《资本论》（共三卷）。1925—1930年，隆巴多继续研究马克思主义、政治经济学和唯物主义哲学。"对我来说这是段非常艰难的岁月，"他说，"因为我必须纠正我早先所学到的一切。"在此期间，隆巴多与墨西哥共产党之间没有任何联系，但他在1930年就已是一名马克思主义者了。

上面提到的这些研究对隆巴多是有影响的，这在他的书《门罗主义与工人运动》（La Doctrina Monroe y el Movimiento Obrero）中显而易见。隆巴多开始这项研究时声称，用马克思的唯物史观阐释历史是有价值的，并继续用唯物史观和地理决定论简要分析世界历史。隆巴多第一次以出版的形式对一个主题进行阐释，该主题就是帝国主义，这也将在他未来的思想中占据主要地位。

隆巴多声称，世界上的国家、半殖民地和殖民地可以分成五大团体，每个团体都由一个占主导地位的国家领导，在本团体内部寻求原材料、市场（产品和资本）、未开垦的疆域以及控制贸易往来和战略的要塞。这些团体分别是"（1）美国、（2）大英帝国、（3）远东地区（中国和日本）、（4）俄罗斯、（5）法国、中欧和北非"。除俄罗斯外，据说这些国家的政府都直接或间接地被资本家集团所掌控。他没有进一步提到俄罗斯，显然当时的他认为俄罗斯是一个帝国主义国家。

隆巴多写道，西班牙—美国战争（Spanish-American War）标志着美国开始以一个重要的工业帝国主义大国形象出现在世界舞台上。隆巴多追踪研究了这次战争后美国在拉美地区霸权地位日益增强的历史轨迹，其中包括美国作家斯科特·尼尔林（Scott Nearing）、欧内斯特·格鲁宁（Ernest Gruening）、卡尔顿·比尔斯（Carleton Beals）、塞缪尔·盖恩·英曼（Samuel Guy Inman）等许多人对美国帝国主义行径的批评。门罗主义（Monroe Doctrine）的最初宗旨是维护西半球新成立国家的政治独立。然而，它的特征随后也发生了变化："门罗主义意味着，对周边最弱小的邻国，美国有干涉的权力和拥有优先开发权。门罗主义已经转化为一份经济宣言。"

几个大国行使霸权导致了全世界国际事务的"道德混乱"（moral chaos）和"民众的永久性经济危机"（a perpetual economic crisis for the peoples）。然而，一股新兴力量已经与帝国主义者相抗衡："世界无产阶级大声要求在公正的基础上修改现行的（世界和社会）组织。"当时令人奇怪的是，隆巴多继续对凡尔赛条约（Treaty of Versailles）第13条的内容大加称赞，认为这部分内容所规定的劳工条款是进步的，因为它不仅涉及缩短工时和提高工资等事项，还发表一般性声明称只有在社会公正的基础上修改社会结构才能实现真正的世界和平。显然，隆巴多仍在考虑逐步过渡到社会主义的问题。不过，在反帝国主义的斗争中，他坚持全国工人阶级的团结和全世界工人阶级的团结非常重要。这表明他关于工人阶级的战术思想是成熟的。然而，在这方面，他赞美了由美国劳工联合会（American Federation of Labor，AFL）主导的温和的泛美劳工联合会（Pan American Federation of Labor）的工作。

这里隆巴多继续表达他在早先作品中所流露出的民族主义情感，他警告说，不仅提防外国经济，还要提防外国文化渗透到墨西哥人的生活中。他的国际主义意识萌芽是存在的，不仅在于他对工人的国际团结的关注，还在于早先他对世界政治经济问题的结论，即世界的政治发展远远落后于世界的经济发展，因为地球上的各个地区在经济上是相互依存的，而在政治上，它们却被划分为独立的国家。

在该书的最后，隆巴多说："我们是马克思主义者；但我们认为，比起马克思哲学所思考的问题，世界上还有更多的东西。我们认为，对于一个人而言，如果他不独立，没有个性，无法为一个阶级的提升而工作，那么他就无法有效地为世界自由做出贡献。"虽然这似乎比马克思承诺得更多，但在他后面的陈述中，他仅强调了无产阶级内部（最终也包括了同样境遇的农民）的团结的必要性。

1928年，在哈瓦那（Havana）举行的第六次美洲国家国际会议（Inter-American Conference）（通称"泛美会议"）上，隆巴多是墨西哥代表团成员。他在发起墨西哥代表团提出并经会议通过的决议方面发挥了重要作用，该决议的目的是使今后的会议审议与改善西半球工人的物质条件和生活水平有关的问题。几个月后，隆巴多在谈到该决议时说："社会主义思想一步步地取得胜利，不断清晰地表明其纲领，使其事业的正义得以体现。"

因此，到1928年，隆巴多仍然可以被认为是具有第二国际（Second International）传统的进化社会主义者①。然而，有明确的证据表明他的思想正在发生深刻的转变。

总之，隆巴多的思想包含了许多与众不同的特征。他表达了强烈的民族主义和（非哲学的）理想主义情怀，并渴望在实践中实现人文价值。他强调了现代生活的本质是社会性和共同性，并写明社会责任的重要性。同时，他拒绝传统的自由主义关于"人权、法律原则、教育形式和目标以及财产权是绝对的"等观念。取而代之的是，他认为人类的制度和思想是有社会根源的，且会不断发展变化。他对无产阶级的阶级意识和个人认同在不断增强，表现在他对工人阶级的阶级教育和阶级斗争教育的

---

① 译者注：这里的进化论的社会主义者是指，隆巴多支持通过工人的合法斗争使得墨西哥从资本主义国家逐步过渡成为一个社会主义国家，或者说从资本主义国家进化为社会主义国家。此时，他还没有支持墨西哥通过暴力革命的方式提前成为社会主义国家。

浓厚兴趣上。与他早期（1918 年）对外国资本主义渗透到墨西哥的拒绝态度相反，他现在强调工人阶级必须在国内和国际上实现团结，以便同帝国主义作斗争，因为他认为帝国主义是人类进步的主要障碍。与他在 1918 年声称消除个人追求利润的动机在经济上是不切实际的相反，他现在认为墨西哥工人阶级夺取政权和墨西哥成为社会主义国家至关重要。在他的学术思考和实践活动中，他强调思想和行动的统一、理论和实践的联系以及学习和斗争的结合，但总是更强调要随时准备取得实际成效，即使这需要偏离严格的学术诚实（如同他在墨西哥工人地方联合会中的角色所表现的那样，特别是他未能批评领导人的腐败和改良主义）。他展示了一种新兴的国际主义意识，他的思想已经从与马克思主义的完全对立发展成为对历史唯物主义的普遍喜爱。

与这些观念相冲突的是其他观念，包括有哲学理想主义（philosophic idealism）、社会改良的渐进主义（gradualism in revolutionary social change）和中产阶级形式的民族主义（a middle-class form of nationalism）（尤其表现为拒绝接受一些马克思主义者和左翼的思想，因为不符合墨西哥的国情）。

隆巴多之所以会拒绝后者的观点，并拒绝把前者的观点转变为统一的马克思主义思想框架，或许是因为他在学术方面和个人情感方面遇到了困难，即无法认识到物质需要是自由意志的首要条件。但是，一旦隆巴多接受了这一点，他的思想会迅速发生改变。

隆巴多的思想转变与如下几点有关联。首先，隆巴多与墨西哥的工人阶级有着长期而持续的联系。最初，作为民众大学的秘书，他与工人运动有关联；1920 年，他组织并领导了联邦地区教授联盟（League of Professors of the Federal District），很快就成了工会领袖。1923 年，他被任命为墨西哥工人地方联合会的中央委员会委员，并于 1927 年担任全国教师联合会秘书长（secretary general of the National Federation of Teachers）。在这些职位上，他不断地接触到工人的物质需求和道德需求，以及改良派的劳工领袖和政治家因为腐败而背叛工人的需求。

其次，到 20 世纪 20 年代末，对墨西哥而言，其政治由军事革命领导人统治和其经济与社会由资产阶级和小资产阶级支配的历史已有 10 多年。这段历史的后果是腐败现象普遍存在，民主和社会正义的发展速度受到限制。墨西哥正在进行各种改良革命,特别是进行土地分配,改善农村教育,限制天主教教会的权力和特权,主张国家主权的底土权利,实施由政府确定的墨西哥的财产所有权的形式,以及扩大健康改善计划等。但是,大部分改良方案的进展相对缓慢。例如,从1917年到1934年共分发了7666877公顷土地;从1934年到1940年,卡德纳斯(Cárdenas)分发了17889791公顷土地。还有一些方案,例如从外国人手里拿回国家底土权已经陷入僵局。此外,为了保护一小群政治家和国内外资产所有者的利益,有些革命领导人,如普鲁塔尔科·埃利亚斯·卡列斯(Plutarco Elías Calles)及其追随者,在1926年之后(特别是在1928年之后)给出的每一个指示都背离了这场革命的主要理想,即赢得国家经济独立不受外国控制,实现大众民主和提高生活水平等。

因此,这些事件和经历对隆巴多产生了深远的影响也就不足为奇了,因为他有高度发达的社会意识和强烈的理想主义与人文主义情感。对于如何解决墨西哥革命中的问题,隆巴多的答案是马克思主义的社会主义。

隆巴多激进的马克思主义的社会主义必将导致他与那些不断放弃1917年宪法原则的当权者发生冲突。对国立大学唯心论—理想主义为导向的教育的批评,使他在1933年被驱逐出这所大学。随后,他建立了一所以马克思主义为指导的新大学。

1928年,隆巴多提出的解散作为墨西哥工人地方联合会的腐败政治手段的墨西哥劳工党的提议未能通过。1932年,在墨西哥工人地方联合会的秘书路易斯·莫罗内斯公开批判隆巴多的政策后,隆巴多因此辞去了劳工联盟的职务。1928年到1932年,墨西哥工人地方联合会内的等级划分日益严重。正如前面所提到的,隆巴多选择保持与工人及其问题的紧密关系,一直有意避免成为"一个'伟大的'从波波卡特佩特火山(Popocatepetl)的峰顶上孤独地下发传单的领导人"。他的这一做法现在取得了成果,因此工会(syndicate)① 的大多数成员跟随隆巴多加入了一个新的劳工组织,即"净化后的墨西哥工人地方联合会"。1933年,这个新的劳工组织被重组成更大的墨西哥工人和农民总联合会(Confederación General de Obreros y Campesinos México,CGOCM)。

---

① 译者注:Syndicate 是法语 Syndicat 的英语音译,中文音译是辛迪加,原意是工会。

托莱达诺：墨西哥马克思主义者

1932年9月19日，隆巴多发表了他从墨西哥工人地方联合会辞职的演讲，揭示了他的劳工领袖地位和马克思主义思想的力量。在他的讲话中，针对路易斯·莫罗内斯的批判，隆巴多抱怨道，这是在他的墨西哥工人地方联合会职业生涯中，第一次被剥夺自由行动的权利。他声称，一直以来，他都只是遵循墨西哥工人地方联合会章程的原则自由地表达自己的意愿，这些原则接受了卡尔·马克思所持有的阶级斗争思想和历史唯物主义思想。隆巴多继续说道，也正因为这样，他才在墨西哥工人地方联合会内热情地工作，努力为工人而不是他们的领袖服务。因为这个原因，他忽视了同伴们的观念和生活方式，而这与他自身的观念或生活哲学是不相符的。

在该演讲中，隆巴多继续说道，多年来的研究和劳工运动的斗争经验使他得出的结论是，必须向墨西哥人民传播社会主义思想，墨西哥无产阶级只有接受社会主义思想作为其行动指南，才能使得自身成为一种"社会力量"并实现自身的"历史使命"。工会应该成为一个国家的常任法官，且工会领导人不应该试图阻止工人在政府工作人员面前不断争取正义的行为。

隆巴多宣布，他将继续做一名"激进的马克思主义者，但不是共产主义者"，仍将是一名国际主义者和反对沙文主义的民族主义者。他将努力改变墨西哥的资产阶级社会制度，并致力于改善墨西哥人民生活的工作。

他以对工人运动的警告作为结束。他认为如果工人运动偏离深刻的社会变革之路，并寻求与遏制社会变革的政府达成妥协，那么它将失去作为长期革命力量的价值，而成为资产阶级国家的附属机构。

墨西哥的实证主义思想强调通过科学研究取得物质进步。唯心论强调通过合乎需要的教育提升人类的道德力量，进而实现人类对真理、正义、美好和善良等精神潜能的追求。作为一名马克思主义者，隆巴多的目标仍然是实现人类最大的潜能。但是，对于这一目标的实现，隆巴多认为实质上不是依赖于教育（尽管这很重要），而是取决于工业化的进步和人类社会关系重新排序后阶级的消除，这必然会产生不可调和的利益冲突。人类精神能力的实现取决于人的生产和社会关系中物质问题的解决；人类物质问题的解决可以促进人类精神能力的实现。反过来，人类精神能力的实现可以加快解决人类的物质问题。因此，物质问题和精神问题是密不可分割的有机整体。隆巴多仍然保留自己的理想，但是实现这些理想的手段变得更加直接。

随着隆巴多从一名理想主义者发展成为一名辩证唯物主义者，他实践活动的特征也发生了改变。在隆巴多职业生涯的早期，他工作的重心是通过教育改善人类道德进而实现人类理想。因此，他在民众大学举办了关于人文主义主题的通俗演讲，并且在国立预科学校教授伦理学。在隆巴多逐渐接受马克思主义思想后，即人类理想的实现根本上取决于人类物质条件的变化和改善，他在劳工运动中变得越来越活跃。正如后续章节将会呈现的那样，他的新思想使他成为一名杰出的劳工领袖（即一名社会主义政党领袖）和马克思主义工人大学的校长。

第二章　新指导思想:马克思主义哲学

从 20 世纪 30 年代初开始到现在,维森特·隆巴多·托莱达诺的思想一直保持在马克思主义的框架内。他毫无保留地赞同辩证唯物主义和历史唯物主义的所有基本概念,以及马克思和列宁对资本主义和帝国主义的经济结构分析中所包含的那些概念。在当代马克思主义思想方面,隆巴多接受了现代苏联对马克思列宁主义(Marxism-Leninism)思想概念体系的补充和修改,例如资本主义国家和社会主义国家间的世界大战并非不可避免。

隆巴多将历史唯物主义的基本思想概括为:

(a)将社会进化纳入宇宙的一般进程;(b)社会的物质结构和经济生产制度决定了其他社会实体的形式;(c)不断变化的社会生产力与法律制度之间的对立,虽然这些法律制度由生产力所决定,但在其发展过程中并不总是随着生产力的变化而变化。综上所述:根据起源于唯物史观的唯物宇宙观,"阶级斗争"(历史唯物主义思想中的基本概念)是历史前进的推动力。

在隆巴多的经济分析中,他重复了马克思列宁主义关于资本主义和帝国主义的概念。关于资本主义,隆巴多曾说道:

资本主义制度的内在矛盾是生产的更大发展与个体对产品的私人占有之间的矛盾，前者是通过劳动分工的集体生产实现的，后者只使少数人受益。集体生产与产品私人占有之间的矛盾由于资本主义制度本身的发展而加剧；矛盾本身导致危机的周期性减弱，同时危机也变得更加复杂。

这种矛盾在社会上表现为阶级斗争，而阶级斗争又是消除资本主义及其最后阶段（即帝国主义）的实践基础。在消除资本主义帝国主义方面，隆巴多写道："有三大主要内因促使对资本主义政权进行历史清算：工业大发展后国家内部的阶级斗争、帝国主义间的对立以及殖民地对帝国主义统治的反抗。"在这里以及其他陈述中，隆巴多使用了具有个人特征的术语，这表明了他对马克思主义思想的基本理解。

辩证唯物主义影响了隆巴多对所有其他问题的思考。因此，隆巴多指出历史唯物主义不过是应用于人类社会研究的辩证唯物主义。资本主义和帝国主义间固有的矛盾是历史唯物主义应用于资本主义经济学分析后得到的理论产物。

根据隆巴多的说法，辩证唯物主义包含以下基本思想：实在（reality）客观地存在于人类思想之外，尽管思想一定是实在的一部分。实在（包括思想）基本上由运动的物质所构成，而这些物质的各种表现形式体现在有机相连的因果关系的相互关联中。这些实在的表现形式是不断变化（运动）的状态，是由对立力量的相互作用和将这些对立力量转变为新的表现形式而产生的。对立力量的消失和变化涉及量变突然转化为质变。人的存在不是由他的知识所决定的，与此相反的是，他的知识是由他的存在所决定的。然而，通过被证实的实践经验，人类理性可以理解实在。这种对实在本质的理解能力使得人能够控制和改变其存在。在后面的陈述中，隆巴多总结了辩证唯物主义对人类（以及对他自己的个人思想和行动）的重要性："把自然想象成一个过程性整体，且把人类理性想象成具有了解所有存在的能力，辩证唯物主义给了人类可以利用自然来获得利益的可能性。它揭示了历史发展的规律，也为人类社会生活不断地向一种更先进的社会生活转变提供了可能性。"

正如隆巴多所表达的辩证唯物主义思想所揭示的那样，他的新旧知识的取向之间的差别是巨大的。隆巴多曾多次评论过这种差别。在1935年发表的一篇与安东尼奥·卡索进行哲学辩论的后续文章中，隆巴多批评了他在国立预科学校接受的哲学理想主义教育。他声称，这种教育教会了他许多错误思想。例如：无机世界和有机世界之间，物质实体和精神实体之间，存在着一种基本的、不可逾越的二元性。在这个二元实在论中，进化过程简单而没有矛盾。对实在的各种表现背后本质的认识和对"事物本身"的认识只能通过直觉来确定，因为科学只能告知这些表现形式的外在形态。在这个二元世界中，人类的救赎取决于上帝。伟人从神的启示中获得进步，精神世界是通过这些伟人的行动来指导人类和大自然的命运。人类可以确信上帝的意志终将会胜利。

隆巴多暗示他被安东尼奥·卡索称作"叛徒"。对此他表示可以自由地拒绝旧思想而接受马克思主义思想，并补充说明：

> 为了让唐·安东尼奥·卡索和我自己满意，我宣布，我拒绝接受我以往所有精确的、矛盾的、错误的思想，因为我已被唤醒而对所有原则的真实性产生怀疑，同时也因为在我的青少年时期，我倾向于接受精神上没有结果的、立场懒惰的理论，这体现在与历史冲突的唯心理论上和把妥协视为正义的理论上。

他继续通过报纸文章对理想主义和唯物主义之间的问题进行集中辩论。在这个过程中，隆巴多展露出作为一位优秀辩论家的一面。隆巴多辩论的核心观点是物质、空间和时间是统一的。隆巴多声称这个观点得到了现代科学发现的支持。与此不同的是，卡索仍然坚信非物质的实在性，如感觉、意志、思想和良心等都是对精神的实在性的表达。隆巴多坚持要有科学证据来证明这种二元性，并主张理想主义者的唯一庇护是形而上学或坚定的宗教信仰。

在辩论中，卡索曾多次批评自己的观点。也就是说，他批评了他之前在辩论中被隆巴多引用的思想。隆巴多说，卡索曾一度接受了唯物主义的基本观点，即物质存在于时间和空间中，时间和空间存在于物质中。因此，理想主义没有了存在的维度。在这一点上，卡索的行为无异于"自杀"。隆巴多总结辩论时说：

> 我把唐·安东尼奥·卡索留在了天堂的门口，并宣布辩论结束。在宗教的形而上学庇护所面前，我停了下来。在这里我已经注意到了：关于社会主义基础的辩护是科学的和哲学的，而不是神秘的。对我进行指责时，他把自己限制在了庇护所里，而这对于那些正在构建一个比现在更好的社会的人的想法没有任何重要性；它更多的是人类的忏悔而不是对历史采取行动。

尽管隆巴多彻底改变了思想方向，但他仍然尊重他所接受的早期教育和教育工作者。例如，他曾一度声称，1910年代的知识分子在墨西哥贫瘠的文化土壤中开辟了新视野。对人类能力的广度和深度，这些知识分子的学生获得了充满活力和乐观的见解。人们产生了创造性的反叛情绪、克服生活障碍的可能性、实现正义的个人责任。的确，隆巴多丰富的人文主义和理想主义情怀，似乎毫无疑问在很大程度上归功于他从早期教育工作者那里获得的激励。

1959年，隆巴多在他的论文《我们时代的思想之战》（*La Batalla de las Ideas en Nuestro Tiempo*）中用辩证唯物主义思想审视了现代哲学史。隆巴多的主要思想是：在与无产阶级哲学思想（辩证唯物主义）的斗争中，资产阶级哲学思想越来越依赖于唯心主义和非理性主义（irrationalism）。资产阶级思想家对理性力量作为知识和进步的一种手段的否定或限制，有利于资本主义和帝国主义的发展。

在现代，这种对人类理性的全部潜能的否定思想，始于伊曼努尔·康德（Immanuel Kant），即理性不能设想"事物本身"。费希特（Fichte）、黑格尔（Hegel），尤其是谢林（Schelling）都延续了这一思想。

根据隆巴多的说法，亚瑟·叔本华（Arthur Schopenhauer）可以被认为是"第一位典型的资产阶级唯心主义哲学家"。叔本华将人从决定性的社会影响中抽离出来，否认了社会进步发展的存在，肯定了人只有废除意志才能获得自由。

之后，叔本华被其他哲学家所追随，"现在，坦率地说，他们站在神秘主义的阵营，反对所有的历史进化论，也反对社会物质和意识形态进化的理论"。其中最著名的两位思想家是索伦·克尔凯郭尔（Soren Kierkegaard）和弗雷德里克·尼采（Frederich Nietzsche）。前者认为，历史上唯一重要的事件是基督的出现拯救了人类灵魂，实际上他声称历史并不存在，且将现实还原为主观。后者否定进化论所说的进步，肯定了权力意志是生活中唯一有效的东西，宣称社会自然地、永久地划分为主人和奴隶，并宣称他著名的超人理论。

根据隆巴多的说法，这些哲学家可被看作"反动派哲学的先驱者"，理解了被称为生命哲学（Philosophy of Life）的哲学倾向，是资产阶级对辩证唯物主义的回答。

隆巴多讨论了上述趋势的一些参与者的观点，包括威廉·狄尔泰（Wilhelm Dilthey）、格奥尔格·西梅尔（Georg Simmel）、奥斯瓦尔德·斯宾格勒（Oswald Spengler）、马克斯·谢勒（Max Scheler）、马丁·海德格尔（Martin Heidegger）、卡尔·雅斯贝尔斯（Karl Jaspers）以及著名法西斯思想家阿尔弗雷德·罗森伯格（Alfred Rosenberg）等的观点。他把对这一思想流派的一般理解总结为两段话，分别为：

> 生命哲学的本质是什么？它包含了不可知论，即康德所说的认识"事物本身"理性上的"不可能性"；还包含在将其转化为神秘主义的过程中，在人类自身意识创造的主观唯心主义神话中……
>
> 有趣的是，所有这些哲学家都以否定理性知识为特征。这些体现在否定历史的进步发展方面，体现在肯定大自然中良知的特殊性方面，也体现在对辩证唯物主义的坚决反对方面。

他把存在主义（existentialism）描述为"仅仅是一种必要的对战后资本主义政权腐朽的生命哲学的新适应"。它是平庸的中产阶级知识分子逃避现实的避难所，他们害怕接受社会主义，同时也意识到反动势力将被击败。

最后，实用主义"只是非理性主义的一种变体"，因为它肯定理性不能掌握事物的本质，并宣称行动是人类发展中最重要的。

隆巴多继续讨论了辩证唯物主义和历史唯物主义的本质，并强调了他认为的辩证唯物主义相对于反理性主义哲学的优越性。随着辩证唯物主义的胜利和理性作为人类发展手段的价值的恢复，人类的前景将比历史上任何时候都更加光明。这些思想中包含了一种新的人文主义，它具体地承诺了改善每一个人的物质和精神的存在。

仍有两个与隆巴多的马克思主义取向相关的问题有待考虑。一个是关于隆巴多的民族主义思想，另一个是他作为马克思主义者与墨西哥共产党和国际共产主义运动（international Communist movement）的关系。

与不发达国家的马克思主义社会主义者一样，隆巴多表现出了强烈的民族主义情绪。他称赞民族主义的高涨是墨西哥革命为数不多的积极特征之一。他早期和后期的民族主义思想间存在着相当大的连续性；但是，他的成熟思想是更有意识地反对资本主义和亲近无产阶级。1936年，隆巴多在墨西哥城向全国无产阶级国防委员会（Committee of Proletarian Defense）发表演讲，表达了他的民族主义观点的精髓。在演讲中，他为自己和工人们辩护，反驳了他们是国家叛徒的指控。他声称，这个国家实际上掌握在少数墨西哥人的和外国的私人利益集团手中，这些利益集团只关心私人利益。这些资产阶级把他们的自私利益与墨西哥民族的利益等同起来，因此，他们指控那些为墨西哥人民的自由和意志而斗争的人为"卖国贼"。实际上，后者才是真正的爱国者，才把墨西哥的利益放在心上。

在其他演讲中，隆巴多经常自豪地阐述墨西哥的文化遗产。虽然他偶尔会对其印第安传统表现出偏爱，但对西班牙传统他也给予了应有的尊重，如："墨西哥的伟大创造者"包括巴尔托洛梅·德拉斯·卡萨斯（Bartolomé de las Cassas）、索尔胡安娜·伊内斯·德拉克鲁兹（Sor Juana Inésde la Cruz）、卡洛斯·德西古扎和贡戈拉（Carlos de Sigüenza y Góngora）、库奥特莫克（Cuauhtémoc）、贝尼托·华雷斯（Benito Juárez）和埃米利亚诺·萨帕塔（Emiliano Zapata）。隆巴多特别关注促进传播墨西哥工人对这种文化遗产的了解和自豪感；这项传播活动也是他所创办的工人大学的特殊功能之一。对于抗衡美帝国主义的威胁，传播墨西哥文化遗产知识是重要的，因为这种威胁不仅是经济上和政治上的，还是文化上的。他认为，美国帝国主义倾向于摧毁墨西哥的本土文化和"美国化"墨西哥这个国家，以此作为其对西半球统治的一部分。

尽管隆巴多坚持马克思列宁主义思想，但他从未成为墨西哥共产党的成员。事实上，他一直对该党的战术政策持批评态度。根据隆巴多的说法，墨西哥共产党成立于1919年，当时的环境有利于其大规模发展。

但是它没有得到大规模的发展，主要是因为"缺乏意识形态的准备，推行宗派主义，以及忘记对国家重大问题和如何恢复工人阶级的权利进行具体研究"。他认为，这些缺点仍然是该党的特征。

隆巴多批评墨西哥共产党在20世纪30年代的战术具有煽动性，是为了反对而反对。他觉得这些策略非但没有帮助无产阶级，实际上反而符合反动派的利益。1935年，墨西哥共产党批评针对1917年《宪法》第3条的改革建议，即提供"社会主义"教育，认为这种改革只是一种无用的姿态，因为认为在由资产阶级主导的社会中，教育可以是真正的社会主义的想法是荒谬的。隆巴多同意，在当代墨西哥社会中，教育不可能完全是社会主义的，但他认为，可以赋予教育一种社会主义倾向，有助于培养无产阶级的阶级意识。因此，隆巴多认为，墨西哥共产党反对1917年《宪法》第3条的改革，阻碍了工人阶级获得最低限度的权利。

同样地，根据隆巴多的说法，无论何时何地，墨西哥共产党盲目地推广罢工而不考虑法律要求，因为它认为这样才能增强挫败的工人阶级的好战意识，而不是提倡犬儒主义、排斥革命运动，以及接受公司工会。它试图单方面控制墨西哥劳工运动，威胁到左翼分子在1935年至1936年对反动派的统一战线。特别是，墨西哥共产党拒绝与隆巴多在1935年组建的全国无产阶级国防委员会合作，以便在卡德纳斯总统（President Cárdenas）与右翼前总统卡列斯发生冲突时支持前者。同样地，1936年，当墨西哥共产党无法控制新成立的墨西哥劳工联合会（Confederación de Trabajadores de México，CTM）时，墨西哥共产党撤回代表，且退出该联合会。隆巴多说，尽管这次裂痕在1937年得到了修复，但因为共产党放弃墨西哥劳工联合会的全国委员会上的席位，这些席位被温和派占据，这对墨西哥劳工联合会未来的政治和战术的方向造成了极大损害，甚至可以说是永久性的损害。

隆巴多讲述了一个20世纪30年代的故事，用以说明墨西哥共产党战术的"幼稚可笑"。在1932年"净化的墨西哥工人地方联合会"形成后不久，隆巴多及其同伴在墨西哥城的剧院组织了一次会议，以纪念卡尔·马克思。到达会场时，隆巴多惊讶地发现剧院里到处都是墨西哥共产党的标语牌，上面写着"马克思是我们的！"一群共产党人开始争吵，试图破坏这次会议，但没有成功。

第二章　新指导思想：马克思主义哲学

隆巴多说，直到今天，墨西哥共产党的战术仍然继续阻碍着工人阶级内部的团结和左翼政党之间的团结。其幼稚的激进主义对反革命的作用仍然大于对革命的作用。1959年，墨西哥共产党对铁路工人联盟（Sindicato de Trabajadores Ferrocarrileros）罢工采取无政府主义策略的支持和对全国教育工作者联盟（Sindicato Nacional de Trabajadores de la Educación，SNTE）第九分会夺取对整个工会的控制权的支持，可以证明这一点。这些战术更有助于分裂劳工运动，而不是团结劳工运动（参见第5章）。

1961年，隆巴多总结了他对墨西哥共产党的态度，同时希望，在某种程度上通过两份声明达成团结左翼的可能，这两份声明都是在一场他关于墨西哥劳工运动的理论和战术的会议之后提出的：

> 在墨西哥，有三个政党组织接受了马克思列宁主义，分别是社会主义人民党（隆巴多是总书记）、墨西哥共产党和工人农民党（Partido Obrero-Campesino，英文为Workers Peasants Party）。但直到现在，他们还没有团结在一起，因为共产党说自己才是马克思列宁主义的唯一所有者，并指责其他两个政党没有得到他的同意，不能运用马克思列宁主义哲学。

关于墨西哥共产党，隆巴多提道：

> 你们已经听说过我国工会运动的主要经验。发生在这些同伴身上的事情是，三十年来他们没有（正确地）组织他们的政党做他们应该做的事情。这从始至终都与马克思列宁主义关系不大。他们与托洛茨基派（Trotskyites）和神职人员在支持分裂的超激进战术方面达成同盟，其后果是放弃革命理论。至于必须做些什么，我已经说过了。我希望有一天，他们会为了团结一切力量，会为了工人阶级的数量和质量的增长，改正他们的错误。

隆巴多在国际共产主义运动中所扮演的角色一直备受争议。一些作者声称，隆巴多是共产国际（Comintern）的直接代理人，而在共产国际解散后，他是苏维埃社会主义共和国联盟（Union of Soviet Socialist Republics，U.S.S.R.）即苏联的直接代理人。另一些人则认为，隆巴多热情地支持国际共产主义运动是出于个人信念，而不是听从莫斯科的直接指示。到目前为止，还有人在回避这个问题。

隆巴多自嘲有关他是莫斯科代理人的指控。他声称，他的战术政策——如20世纪30年代全国统一战线的创建和1947—1948年人民党的组建——对墨西哥的国家生活来说都是必需的，其成立并不是因为受到任何外国势力的支配。《人民党的章程》（Statutes of the Partido Popular）中的第5条和第6条禁止除墨西哥国民以外的任何人加入该党，并明确禁止该党"以任何理由……将其行动从属于任何国际组织"或"维持与外国政党的依赖关系"，虽然"按照无产阶级国际主义的原则，它将与所有具有相似目的的运动组织和外国政党，保持友好和团结的关系"。

简而言之，隆巴多一贯支持苏联和其他社会主义国家的运动。在政策和理论问题上，他遵循了苏联（Soviet Union）的解释。对于这一点，笔者完全否认隆巴多是苏联的或任何其他势力的有偿代理人的指控。隆巴多的生活水平不高，工人大学和他所领导社会主义人民党的财政资源有限，都证明了这一点。这两个组织机构都没有足够的资金来维持报纸或新闻杂志。在笔者看来，隆巴多必须遵循的战术思想是自由形成的，目的是在墨西哥和世界上实现社会主义。

总之，隆巴多的马克思主义思想与他早期哲学的唯心主义思想形成了鲜明的对比。他认为，在物质和意识之间，有机的实在和无机的实在之间，存在着一种基本的二元性。作为马克思主义者，他认为实在从根本上是由运动的物质所组成的，这些物质的表现形式存在于各种相互有机联系的因果关系中。隆巴多没有像以前那样认为实在的变化是简单而不矛盾的，而是认为实在是不断变化的，在这个变化过程中，基本矛盾在相互作用下不断地被解决而形成新的表现形式，同时这一新的表现形式自身又包含着矛盾。因此，实在的变化不是单一的、永远渐进的、定量的，而是迅速的、定性的。实在的本质不能像他以前所认为的那样，由直觉来决定，而只能由人类理性来决定。人类理性用已经被证明的实践经验来检验其对实在本质的理论表征。人类的救赎并不依赖于上帝或人类命运的神圣指引，而是依赖于人类对理性的运用，通过理性人类可以理解、控制和改造自己的存在。从隆巴多的思想中可以看出，如果人类仅仅是等待上帝按照其意愿来改善生活，那么等待可能是漫长的。

第三章　帝国主义和墨西哥的经济

对于墨西哥和世界上其他殖民地和半殖民地国家人民来说，资本主义、帝国主义是发展其物质文化和民主的主要障碍；而现代帝国主义障碍的主要源头是美利坚合众国（美国）。这一直是维森特·隆巴多·托莱达诺思想的主题，也是社会主义人民党的纲领和行动的主题。隆巴多关于资本主义、帝国主义性质的论述表明，他已经毫无保留地接受了苏维埃（Soviet）官方在这个问题上的观点，没有作任何修改。

根据隆巴多的说法，当今世界的帝国主义的鲜明特征不是领土控制，而是通过外国资本投资进行经济控制。经济上的支配导致为了帝国主义势力的利益而对不发达的半殖民地国家的政治和军事的国内外政策施加强大的直接和间接的控制压力。因此，在世界上，虽然许多国家在法律上是独立的，但只有少数几个国家是真正独立的，因为大多数国家在经济上都依赖外国。

在《青年宪章》（*Carta a la Juventud*）中，隆巴多表明，第二次世界大战（World War Ⅱ）结束以来，美国一直是世界帝国主义的主导力量。美国的思想家们声称 20 世纪是"美国的世纪"，它的政府以冷战形式推动了一场全国性的和国际性的反共运动，以此作为其帝国主义政策的掩护和借口。马歇尔计划（Marshall Plan）和北约（NATO）起源于美国垄断者主宰欧洲经济的愿望。同样地，杜鲁门计划（Truman Plan）、《哈瓦那宪章》（*Havana Charter*）和进步联盟（Alliance for Progress）都是为了防止拉丁美洲国家实现完全自治和全面工业化的手段，以便维持该区域作为美国垄断企业攫取私人利润的安全地区。

但是，隆巴多说，美国在企图实现其全球霸权的过程中受到了挫折，它用第三次世界大战威胁世界。他认为，资本主义生产方式本身的矛盾破坏了资本主义帝国主义的发展，这个矛盾包含了三个因素：（1）受到资本主义的不可避免的周期性经济危机和永久性失业的刺激，高度发达的资本主义国家内部存在阶级斗争；（2）帝国主义之间在市场、投资渠道和原材料方面存在持续的竞争；（3）随着帝国主义渗透，在殖民地和半殖民地国家继续发生争取独立的斗争。

隆巴多认为，资本主义内部的这些矛盾促进了社会主义的进步。世界现在分为两个阵营：社会主义阵营和资本主义阵营。社会主义阵营不仅包括社会主义国家，还包括资本主义世界的提倡民主主义、和平主义和反帝国主义的人民。社会主义阵营是当今世界防止战争和促进人类发展的主要力量。

隆巴多认为，美帝国主义在亚洲和欧洲遭受的失败增强了美国在西半球（Western Hemisphere）称霸的愿望，美国认为西半球是其独有的统治领域范围。美国随时准备在必要时对拉丁美洲进行干预，以防止任何真正的民主、民众、和平主义和国家主权运动（national-sovereignty movement）在该地取得胜利。因此，面对美国的帝国主义，拉丁美洲只有两种选择——要么屈服于帝国主义及其本土同盟者的统治，但仍然要陷于贫穷、愚昧、经济和政治的落后，要么拒绝这种统治，走向国家主权独立、经济发展、生活水平提高和政治民主。古巴革命（Cuban Revolution）已经证明了这一点，但他认为想要赢得胜利，并非所有拉丁美洲的民众运动都需要遵循卡斯特罗的战术（Castro's tactics）。

隆巴多对外国势力在墨西哥的活动提出了许多具体批评。在过去，外国投资开发了墨西哥的一些资源，但总是以墨西哥国家的巨大损失为代价。墨西哥铁路是由外国资本开发的，但却以向投资者提供巨额补贴为代价。此外，修建这条铁路系统的目的不是促进墨西哥经济的综合发展，而是为开发墨西哥自然资源的外国人的利益服务。在迪亚兹时代（1876—1910年），外国投资者垄断了大片土地，损害了当地的农业发展。为了美国私人投资者的利益，美国政府在1910—1920年的墨西哥革命期间进行了两次军事干预，要求赔偿财产损失，并反对旨在加强墨西哥国家经济主权的革命性改革。隆巴多声称，外国公司对墨西哥的矿产资源进行了一个半世纪的开采直至资源枯竭，这成功地阻碍了除了它之外的金属公司的工业化生产，只给墨西哥留下了"低税收和可怜的工资，即使在今天，它们的本金总额仍然取决于主导国际市场金属的价格的北美企业"。在最近被墨西哥政府收购国有化之前，电力能源行业被外国投资所垄断。外国投资收取了高价电费，但与此同时，电力供应的增长速度却无法跟上需求的增长速度。此外，墨西哥政府以较低成本向外国垄断企业出售能源，外国垄断企业又以高价转售能源，从而获得高额利润。石油工业的外国投资者（1938年国有化之前）以原油形式出口了大部分产品。对政府全面发展经济的计划，投资者是不感兴趣的。他们唯一感兴趣的是无限制地开发墨西哥的资源以获取私人利益。为了捍卫这些利益，他们甚至准备"进行掠夺、暗杀和组建私人军队"。

根据隆巴多的说法，1938—1950年，墨西哥的外国投资增加了一倍多。美国在这些投资中的份额从61.6%增加到67%。20世纪50年代早期，美国资本控制着墨西哥41%的最重要产业。美国的投资越来越多地投向了墨西哥的工商业，同时又保持着对传统采矿业的控制。到目前为止，美国对墨西哥经济的投资一直在大量增加。

隆巴多认为，墨西哥对美国和欧洲投资的依赖对该国的发展产生了许多有害影响。目前，外国投资所赚取的利润中，约有80%是汇往国外的。这妨碍了国家资本的形成，也妨碍了墨西哥私人的和政府的投资的发展。为了完全控制墨西哥的国内市场，外国的垄断企业凭借其巨大的经济资源与墨西哥的本土企业展开了激烈的竞争。这种优势通常属于前者，他们当时可以完全控制自己产品的价格。由于关税壁垒的不足，从美国进口的大量产品也对墨西哥的本土企业产生了类似的有害影响。对外汇的需求——特别是在购买几乎完全依赖进口的资本货物方面——促使部分农业经济部门朝向生产用于出口的商业作物（棉花、咖啡）的方向发展。与此同时，大部分农业产品的总产量仍处于或接近维持生计的水平。初级产品的出口受市场波动和国际垄断企业定价政策的影响。

墨西哥不仅依赖外国垄断和外国定价的主要商业农产品，而且墨西哥大约80%进出口都由美国垄断。简而言之，墨西哥必须依靠这个由外国垄断主导的市场来销售低成本的初级产品和购买高成本的制成品。出现国际收支困难，需要本国货币比索贬值；货币贬值反过来导致国内物价上涨。出于两种偶然情况，墨西哥在国际收支方面才没有更大的困难：美国游客在墨西哥的消费支出和《布拉塞洛计划》（即《美墨双边劳务协议》）①中墨西哥在美国的临时劳动力的收入。然而，这些补偿是有代价的，即使墨西哥文化受到粗俗的"美国化"（yankeefication）文化的影响和促成抽走墨西哥的部分国家命脉。

农业的扭曲发展使墨西哥广大农村人口的收入低下，因此购买力有限。国内物价的上涨进一步抑制了他们对商品的需求，也限制了城市工人的购买力。因为缺乏灵活的、不断扩大的国内市场，这些抑制需求的综合原因阻碍了墨西哥的工业化。墨西哥被迫日益依赖外贸和外国资本——而又正是这两大因素助长了墨西哥的经济困难。

总之，正如隆巴多所解释的那样，这种经济发展过程的总效应是一直增加墨西哥对外国资本的依赖，限制墨西哥的快速工业化（特别是资本货物产业的发展），扭曲和不平衡该国的整体经济发展，降低多数人的生活水平而服务于少数人的利益，使墨西哥经济发展适应美国垄断矿物、农业和半成品以及资本投资和资本货物销售市场的需要。美国政府有意识地保持墨西哥经济的这种半殖民化方向，并防止该国工业化的独立，以便更好地保持墨西哥作为其廉价原材料的产地和工业产品销售的市场。

隆巴多认为，解决这些问题的办法在于加强经济国有化和国家规划。洛佩斯·马特奥斯（López Mateos）政权（1958—1964年）朝这个方向采取了一些步骤。例如，1960年，政府通过收购电力能源行业实现国有化，这一措施得到了隆巴多和社会主义人民党的称赞。此外，隆巴多和社会主义人民党呼吁制定一部联邦法律来规范在墨西哥的外国资本。他主张，这部法律应该划定所有易受外国投资影响的经济活动的界定，确定利润率，禁止利润外流，简而言之，设定条件使外国投资"在国家权力控制下的对国民经济起补充信贷的作用"。

总之，墨西哥经济发展的必要条件（sine qua non）是摆脱美帝国主义压倒性的影响。隆巴多在他的《墨西哥的大戏》（*El Drama de México*）

---

① 译者注：《布拉塞洛计划》（*the Braceros Program*），是指从1942年到1964年的美墨双边劳务协议。在该协议期间，墨西哥向美国输入了大量的临时劳动力，帮助美国解决农业劳力短缺的问题。

和《我们的重大经济问题》(*Nuestros Grandes Problemas Económicas*) 中充分阐明了这一点。他声称,墨西哥实行一项提高人民生活水平的政策,同允许墨西哥经济服从外国垄断,是无法同时发生的。同样地,捍卫墨西哥经济的独立免受外国帝国主义的侵害,同增加对墨西哥人民的经济剥削,是无法同时进行的。这些政策是相互矛盾的。墨西哥需要一个新方案,即将墨西哥人民视为国家最高财富,并使国家所有物质和财政的资源为墨西哥人民服务的发展方案。"美帝国主义提供给墨西哥的剧本是一个两难的选择,要么在美帝国主义的帮助下成为美国的殖民地,要么违背美帝国主义的意志和承担斗争的后果,成为一个独立繁荣的国家。"

隆巴多在《一个捍卫墨西哥及其人民的新政党》(*Un Nuevo Partido para la Defensa de México y de su Pueblo*) 中简要地总结了他对美帝国主义的态度:"就像减少我们对外部的依赖一样,革命也将实现其最重要的历史目标。"

根据墨西哥革命的原则,隆巴多对墨西哥经济及其发展进行了各种详细的分析和批评。他特别重视农业,认为农业是墨西哥经济发展的关键。

1917年宪法第27条规定了革命的三个基本原则:(1)国家有权为了公共利益而修改私有财产的形式;(2)国家的土地、水域和底土是国家财产;(3)对于农村地区,将得到被侵占的土地或将获得足够满足其需求的新土地。以这些原则为基础,土地改革经历了三个阶段。首先,农村社区获得的土地数量仅够增加其村民的收入:村民仍然必须依靠雇佣劳动的方式谋生。其次,增加了发放土地的面积,使得到土地的人能够仅靠土地的产出谋生。最后,在拉扎罗·卡德纳斯总统(President Lázaro Cárdenas)的领导下,把土地分给农业工人和农村社区成员,成立了农业合作社。1950年,村社①(ejido)(半集体和集体拥有土地的社区)的耕地面积占墨西哥耕地的53%,占农业总产量的43%。

隆巴多认为,土地改革的这一过程有两个主要优点:(1)土地只以使用权的形式给予,从而避免了土地的再转让;(2)土地改革是农民斗

---

① 译者注:墨西哥的村社实质上是一种税收制度,制度的目的是便于征税,是一种集体负责制。它实行土地公有制,土地定期分配,是一种准社会主义制度。

争的直接结果。这种战斗一直持续至今，为今后进行土地的再次改革带来了希望。

土地改革给墨西哥民族带来了巨大的积极利益。1915—1958年就重新分配了大约3800万公顷土地，这无疑结束了旧的封建土地所有制关系，为农业生产力的大幅度提高开辟了道路。随着灌溉和殖民项目的扩大、机械使用的增加、种子的改良和科学的耕作方法以及信贷的推展，农业生产和农村收入都有所增加。自革命以来，随着农村群众购买力的提高，墨西哥建立了一个全国性的市场，工业生产也得到了促进。

然而，土地改革也有许多负面影响。墨西哥农业总体上欠发达的性质可以从以下事实看出：根据1956年墨西哥银行的资料，从事经济活动的人口中，58%的人口从事农业，但其收入仅占国民收入的16.4%。此外，农业工人的平均日收入仅为3.05墨西哥比索（Mexican peso，简称Mex. $），而工业工人的平均日收入为19.85墨西哥比索，从事商业活动的人的平均日收入为47.76墨西哥比索。

隆巴多认为，虽然已经重新分配了相当多的土地，但还必须分割更多的土地。许多农村居民没有土地，缺乏收入来源，而另一些人的土地太小，无法满足他们的需要；总共约有200万户家庭没有土地或拥有不到一公顷的土地。除了西北部和东南部以外，这种土地不足的情况在全国所有地区都很普遍，包括过去以村社为主的地区，例如以托雷翁（Torreón）为中心的拉古纳地区（La Laguna region）。土地改革法的性质使这一问题更加严重，因为它将可征收的土地限制在某一村庄周围七公里范围以内；虽然这类需要被征收的土地不多，但是《基本法》仍然保持不变。此外，并非所有受影响庄园的土地被没收。更重要的是，在新灌区里的土地主要以一种新的大庄园形式（latifundismo）出现，这里大部分精选的土地不是给了贫困的农民，而是给了少数有政治影响力的人。这种新型的农村资产阶级，享受着政府的信贷和其他资源，并不直接耕种土地本身（甚至常常不知道它在哪里），而是雇用别人来做这项工作。征地无效的证明已慷慨地提供给这些人和其他私人所有者，但却很少有证明可以保证耕种土地的农民的权利（从而有助于防止其权利被篡夺）。

1940—1958年的曼努埃尔·阿维拉·卡马乔（Manuel Avila Camacho）、米格尔·阿莱曼（Miguel Alemán）和阿道夫·鲁伊斯·科尔蒂内斯（Adolfo Ruíz Cortines）等人的政府都放弃了土地改革，促进了农业私人利益的发展，特别是新资本主义地主的利益。1958—1964年的洛佩斯·马特奥斯政府则恢复了土地改革。但是隆巴多认为，总统的许多措施受到了国家政府官员的阻挠，而这些官员则是为了外国和本土地主的利益行事的。

对集体村社的攻击尤其暴力持续不断。这些村社（约有500个，遍布墨西哥各地，主要是生产商业作物的村社）在生产产出和回报其成员方面取得了巨大进展，尽管其成员缺乏经验、政治知识和专业教育。然而，政府官员和其他人却开展了反对集体村社的密集宣传运动。村社被称为是共产主义的，是与墨西哥需求格格不入的俄国方法的复制品。农民领袖被收买了，普通的村社成员（ejidatario）感受到压力和困惑，也被承诺所欺骗。最后，许多集体村社（特别是西北部的村社）被解散。因为这些行动，虽然出租村社的土地违反宪法规定但仍被实行，土地被抛弃，苦难和当劳役偿债制度重返这些地区，除了几个最坚定的农民领袖外，其他所有人已经成为纯粹的两家国有银行中的一家或另一家的提供农村信贷的官僚。

信贷问题是农村居民最关心的问题之一。为满足村社成员和小企业主的信贷需要，成立了两家政府银行，即国家信贷银行（Banco Nacional de Crédito Ejidal）和国家农业信贷银行（Banco Nacional de Crédito Agrícola）。但是，他们只能够满足10%—13%的信贷需求。其结果是，一方面农民被迫接受高利贷者的贷款，这些高利贷者以高利率索取农民大部分庄稼的收益；另一方面，新的农村资产阶级则充分享受政府信贷的好处。

除了信贷不足这个问题之外，农村还面临水资源不足的问题，这是因为许多政府灌溉项目仍未能充分满足大多数农村居民的需要。此外，如上所述，这些公共资助的灌溉项目所开辟的大部分土地并没有给贫困农民，而是给了具有政治影响的非农民。

虽然墨西哥北部的乡村地区景色宜人，治安良好，但是墨西哥的中部和南部地区却缺乏这样的保障。偷牛贼、持枪歹徒和腐败的当局政府"把为穷人提供凭农业谋生变成了一出名副其实的戏剧"。

由于土地、水和信贷资源的不足，农村地区许多人缺乏自给自足的手段，导致每年都有工人逃往美国寻找工作。隆巴多认为，墨西哥正在失去她最大的人类财富，同时也在削弱她的民族独特性，因为《布拉塞洛计划》使这些工人在不知不觉中"变成了我们国家永远臣服于北方民族的政党成员"。

墨西哥以出口为导向的畜牧业的生产几乎完全是粗放型的，而不是集约型的。使用的科学方法很少，产量低，而且牛容易患各种疾病。由于土地改革，大部分的牛是由小农饲养的。虽然这种牛的生产组织对增加小农的收入产生了积极影响，但它也往往使不科学的方法永久化。

隆巴多重点批评了制糖业。由工人、工厂所有者和政府代表所组成的国家糖业生产者协会（National Association of Sugar Producers）已经变成了为部分糖厂所有者的私人利益垄断组织。这种垄断的后果是，新工厂开设在离该国利于生产糖的热带地区较远的地方，那里产量低，生产成本高。为了维持这些低效率的工厂，政府不得不给予工厂主充分的政治上和财政上的支持，甚至在某种程度上迫使农民在该地区种植甘蔗——因为如果可以自由耕种，他们会选择种回报更大的庄稼来替代甘蔗。结果，许多农民"过着当种植园主（ingenio）的短工的生活"。此外，热带地区生产效率较高的糖厂往往得不到信贷。

其中一些生产糖的种植园主（ingenios de azúcar）组成了合作社组织。然而，他们只是名义上的合作，因为他们不受生产者的指导和控制，而是受垄断组织的控制，是为其政治利益服务的。最后，即使糖的生产不能满足墨西哥的消费需求，糖还是出口的。与此同时，从外国进口糖，以弥补国内市场供应的不足。

1952年，隆巴多在塔毛利帕斯州（Tamaulipas）的蒙特城（Ciudad Mante）发表演讲，总结了制糖业的状况。隆巴多认为，制糖业的特点是产量低，成本高，信贷不足，对"活得像波菲里奥·迪亚兹时代苦工"的甘蔗种植者过度剥削，种植者贫困，政客和其他支持政府的人却发家致富。

村社的内部政府并不民主。大多数村社领导人已经向他们所在地区的政治领导人屈服；他们担任公职的时间与他们继续为从地方当局到国会的这些政治家的利益服务的时间一样长。他们向农村人口施加压力，要求他们在政治集会和投票中支持某些候选人。

最后，最严重的缺点是农业生产与工业生产之间缺乏有计划的协调。这种不同步，加上墨西哥大部分农业生产的普遍不发达，导致城市日益脱离农村，工人阶级日益脱离农民。它阻碍了工业，特别是重工业的发展，从而促进了外国在制造业中所有权的扩大。

作为这些问题的解决办法，隆巴多并不建议立即将农业生产资料社会化。他认为，这应该在无产阶级掌握了政治权力之后再进行。到那时，计划中的社会化农业将与重工业的发展相协调。目前，隆巴多坚持继续真正地实现1917年《墨西哥宪法》所载的墨西哥革命的各项原则，这些原则决定了墨西哥革命是一场民主的、反封建的和反帝国主义的革命。应该对村社和中小企业主的土地分配加以研究，得出结论；不应该再有大庄园或政治特权阶层的"远程农业"。农业发展必须有计划，以便使生产能满足国内市场的需要。只能出口加工后的原材料，而不是未经加工的原料。

应该大力推行在墨西哥热带地区开放农业中心和促进国内殖民化的政策。在农村地区，必须以比目前更快的速度推广一些技术、服务和福利。必须进行农业机械化；必须扩大灌溉工程；必须越来越多地使用化肥和现代科学的先进技术；必须扩大试验站；农业价格必须得到固定和保护；必须建立一个牢固的、适当的和公平的信贷制度和农作物保险制度；必须有足够的措施保障农产品廉价高效的运输；必须扩大社会保障、现代卫生设施、医疗保健和卫生信息、休息健康营、各类教育设施、图书馆、剧院和电影院等方面的服务。

隆巴多认为，只有当一个国家的农业得到有计划的合理全面的发展，这个国家才会有健全的工业化基础。因为只有通过工业化，墨西哥才能成为一个真正独立的国家。

对墨西哥工业化至关重要的是发展运输业和通信业，以及扩大信贷的便利性。隆巴多赞扬了政府在运输业和通信业方面的成就，特别是在1960年以前建造了4.3万多公里的公路和高速公路，以及建造了全国的电报和电话网络。他还列举了这些领域多年来一直存在的一些缺点：主要是为了满足外国企业开采墨西哥出口原料的需要而建造的铁路网的原有格局；降低某些可出口商品的运输费率；由于国家工业无法满足铁路的需要，设备短缺问题更加严重；墨西哥过多地"按照美国利益的建议计划"修建大型高速公路，缺乏足够的连接墨西哥湾和太平洋海岸的公路和铁路；"主要服务于国内商品的生产和分销的公路和铁路之间缺乏协调"，道路间的连接短缺；商船发展不足；墨西哥沿海贸易港口短缺；国际公司垄断电话通信。

隆巴多承认，银行和信贷领域已经取得了进展。1925年，政府控制的墨西哥银行（Bank of Mexico）成立，拥有了发行货币和控制货币供应、外汇和利率的权力。随后，设立了若干银行，向村社成员和小企业主以及市镇、州政府提供信贷。国家金融机构（Nacional Financiera）或政府投资机构所作的投资对于国家的工业化是有帮助的。另外，国家机构对货币和信贷的控制还不够完善，无法将所有公共和私人的信贷纳入生产活动，从而阻止专门从事"有利可图的交易"的银行的建立。最后，如前所述，信贷的便利性对墨西哥广大农民来说是完全不够的。

在过去的一代人中，墨西哥的工业发展迅速。在墨西哥历史上，1950年工业生产的价值首次超过农业生产和矿业生产的总和。然而，墨西哥的工业革命有两个主要缺陷，一是国内工业产品的需求有限且缺乏弹性（部分原因是农业生产发展有限），二是来自外国产品的激烈竞争。

在缺乏有效需求的情况下，隆巴多指出，工业化进程只使少数主要由资产阶级、城市小资产阶级和农村部分小资产阶级组成的人口获得了物质上的利益。其余的人口"只是偶尔消费国家工业的多种产品"。总之，自革命以来，墨西哥大多数人民的生活水平几乎没有提高。生活成本的增加（特别是自1940年以来）已经造成了许多墨西哥人实际工资的损失。以下数据提供了收入分配严重不平等的一个例子：1955年，5万个家庭的平均年收入超过30万墨西哥比索；在20万个家庭中，墨西哥人的收入在1.5万墨西哥比索至5万墨西哥比索；墨西哥有700万个家庭，其收入在1000墨西哥比索—3000墨西哥比索。收入分配越来越不平等。

近些年来，墨西哥人民的财力出现下降，主要的直接原因是墨西哥比索不断贬值从而导致购买力下降。墨西哥的货币贬值是因为它是一个半殖民地国家——作为原材料出口国，资本货物和投资资本的进口国。每当墨西哥的原材料出口价格严重下降时，特别是当这种下降伴随着进口价格的上升和资本从墨西哥外流时，墨西哥就会遭受一场外汇收支危机。比索贬值是为了解决危机。

威胁墨西哥工业发展的第二个因素源自外国产品的激烈竞争,且正变得日益危险。竞争来自两个方面:一是在美国生产的商品,由于关税壁垒不足而以低成本进口到墨西哥;二是美国企业在墨西哥生产的商品。这些企业有垄断国内市场的危险。此外,它们阻碍了国家工业资本化,因为它们利润的主要部分是出口的。

工业发展的另一个障碍是,政府的财政政策未能将足够的公共和私人信贷从投机性投资转向再生产性投资。

隆巴多对墨西哥的工业提出了一些具体的批评。他经常重复的主要批评是,墨西哥的重工业只能得到有限的发展。除非有计划地迅速发展资本货物工业,否则墨西哥永远无法从外国获得经济独立,也永远不会实现农业的机械化或制造业、运输业和通信业的超前发展。

虽然墨西哥的石油工业发展迅速,但却跟不上全国对石油衍生品的日益增长的需求。生产与需求之间的不平等威胁着国民经济的整体发展。造成这种效率低下的原因有几个:由于该行业的一些职能,如勘探和分销,掌握在私人手中,因此该行业的雇员过多;在国外采购行业所需的高成本的机械、设备和主要材料的必要性。

除煤炭和钢铁行业外,外资仍然完全控制着采矿业。因此,墨西哥人只能扮演次要和辅助生产者的角色。如果这种情况继续下去,墨西哥的工业化将是困难的或不可能的。墨西哥没有对矿床地质资源进行广泛的调查,也没有专门为刺激采矿业而设立的国家银行。

隆巴多对墨西哥工业存在的问题作了如下切中要害的概括:

如今,按产量计算,工业生产比矿产和农业生产的总和更为重要。但近年来它的生产节奏有所下降,原因包括:农村的贫困限制了国内市场;工人阶级和固定收入部门的购买力的下降也限制了国内市场;墨西哥已经开始在不生产机器的情况下实现工业化;墨西哥从外部获得了资本货物,但是我们并不能完全用我们出口的东西来支付它们;简而言之,墨西哥想要进步,但没有人民的进步,没有国家的进步。这是墨西哥的生产体系最具有戏剧性的地方。

另外,墨西哥日益增长的国家资本主义在发展国家生产力、为私人资本资源不足的领域提供资本、促进国家经济独立等方面一直起着推动作用。电力、石油、石化、农业化肥、煤炭、钢铁等主要行业和铁路、汽车制造等多个行业实现了国有化。此外，政府拥有许多制造和组装工厂，包括糖厂、纺织厂和新闻纸工厂。运输和通信设施、铁路、电信、民航总局等已被收归国有。1925 年，随着为政府雇员组建的民事养老金管理局（Administration of Civil Pensions）成立，国家进入了社会保险领域；1944 年，随着墨西哥社会保障研究所（Mexican Institute of Social Security）的成立，国家扩大了社会保险的活动范围。后者在 1960 年已为 3547769 名注册用户提供服务。

隆巴多认为，墨西哥工业（以及其他经济领域）的许多问题的解决办法在于加强国家规划和国有化。这对于协调农业和工业的发展，协调消费者收入和生产的增长是必要的；这对于保证对整个发展最关键的经济领域有足够的资本投入是必要的；这对于通过结束墨西哥对外国投资资本、原材料销售和在外国市场购买资本货物的依赖，使墨西哥摆脱其半殖民地的地位是必要的。

第四章　墨西哥的社会结构和政治结构

维森特·隆巴多·托莱达诺把墨西哥社会划分为七个阶级。隆巴多认为，社会阶级"从根本上说是一个经济范畴的概念……"可以肯定，社会阶级的力量可以用每个人在经济生产和交换工具方面所拥有的财产（数量）或拨款（权利）来衡量。

第一是占据主导地位的"掌权的资产阶级"，他们控制着国家，维持着墨西哥的国家资本主义制度。第二是独立于国家，从事私人的农业、牧业和工业生产的资产阶级。第三是拥有私人银行和大型商业的资产阶级，"这些资产阶级通过管理个人的存款、商业运营和证券交易，同时通过商业事务的内部市场，实现个人信贷的管理"。第四个和第五个社会阶级是由村社成员和小企业主组成的农村小资产阶级，以及由小实业家、专业人士、工匠和其他人组成的城市小资产阶级。第六个阶级是工人阶级。第七个社会阶级则由"在国内经营外国企业的代理人"所组成。

隆巴多强调，对于工人阶级的革命者来说，了解代表国家资本主义的资产阶级的真正本质是很重要的。他坚决否认这个阶级仅仅是帝国主义的代表，或者同中华民国买办资产阶级（comprador bourgeoisie of the Chinese republic）相似。相反，它是"胆怯的、摇摆不定的、矛盾的"，因此它不是一个革命的社会阶级。"有时它屈服于内部民主舆论的压力，采取进步举措。其他时候，它又屈服于帝国主义的压力，限制国家独立发展的进程。"通过这一分析，得出了隆巴多和社会主义人民党的长期政策，即对于墨西哥政府的政策，支持政府的积极政策，批评政府的消极政策。

"帝国主义的代理人"包括一些政治官僚机构的成员和"致力于对外贸易和开采国家自然资源的商人"。隆巴多认为，美帝国主义及其代理人的活动，激发了其他阶层人民群众的强烈的反帝国主义团结意识。

中产阶级的各种成员，小实业家、工匠、政府雇员、小商人等，"除了受伤以外，什么也得不到；没有优势，没有刺激，没有保护；（他们）被更有权势的人剥削，（而且）被地位比他们低的人鄙视"。这些人尤其需要充足而宽松的信贷和较低的税收。

中产阶级的知识分子是隆巴多经常批评的对象。例如，隆巴多曾声称，许多知识分子认识到人类的前途在于社会主义，但他们希望以"迅速而无障碍……没有个人牺牲，没有暴露他们的财产和生活"的方式实现社会主义。隆巴多接着指出，平庸的知识分子的特点是担心自己的人身安全。因此，他想成为一名得到美国政府认可的革命者；一个没有激怒教会的反教士；一个不危及他与工人阶级剥削者的社会关系的激进的工人阶级领袖。平庸的知识分子对未来的担心是徒劳的，是"逃避现实的，因为在反对斗争时，士兵们需要付出的不仅仅是他们的生命：例如思想上的诚实榜样也是需要的"。

这些以及类似的批评都是围绕着中产阶级的知识分子作为社会主义革命者的不稳定性和不可靠性而展开的，这些批评都是隆巴多针对他的一些前同事提出的，如恩里克·拉米雷斯、维克托·曼努埃尔·维拉塞诺（Victor Manuel Villaseñor）、国民革命运动（Movimiento Nacional Revolucionario，MNR）的大多数左翼成员和墨西哥共产党。

隆巴多认为，工人阶级是这个国家唯一真正的具有革命性的阶级。它的任务是推动墨西哥走向社会主义。资本主义国家的工会是工人阶级为争取自己的权利而进行的日常斗争中的主要组织形式。隆巴多认为工会是独立于国家和企业控制之外的工人阶级的统一战线。劳工统一战线包括各种政治信仰和宗教信仰的工人，他们联合起来，通过民主选举产生的领袖领导他们捍卫不同于资产阶级的利益。工人们在工会中组织起来，然后联合起来成为劳工中心。通过这种组织方式，工人的集体力量在性质上大于工人个人力量的数量总和。工会是政治教育的中心、指导的中心，是阶级意识锐化的中心。然而，他们不是也不应该假装是政党，尽管他们可能而且应该提出政治要求和抗议。工人阶级对政治权力的最终实现是通过一个有组织的无产阶级政党（即社会主义人民党）的职能，它与工会是不同的。

隆巴多所说的工人阶级团结的理想，在20世纪30年代得以接近，如在1936年成立的墨西哥劳工联合会和1938年成立的拉丁美洲工人联合会（the Confederación de Trabajadores de América Latina，CTAL）。这两个劳工中心都由隆巴多领导，它们都独立于政府的控制。墨西哥劳工联合会具有伟大的统一精神和战斗精神，认真致力于彻底审查墨西哥的真正问题并为解决这些问题做出贡献。它全力支持组建具有统一战线性质的政党墨西哥革命党（Partido de la Revolución Mexicana，PRM），并促进实施卡德拉斯政权的革命政策（土地改革、农业和工业合作社的形成、石油国有化）。

然而，隆巴多说，这种团结和革命的战斗力逐渐被"雇主阶级、背叛的政客……帝国主义的代理人"和新闻界的共同行动所摧毁，这种共同行动是冷战的"反共产主义"运动的一部分。农民和工人长期生活在家长制的环境下，这促成了这场"反共产主义"运动的成功。这些人习惯于向总统求助，而不是自己进行独立的阶级斗争来满足自己的需要和保护自己的权利。

根据隆巴多的说法，第二次世界大战期间，墨西哥的保守分子利用战时的民族团结政策和隆巴多经常离开墨西哥的情况，开始了反劳工运动，以促进拉丁美洲盟国的团结，从而进一步扩大他们自身的利益。后来右翼分子在米格尔·阿莱曼（1946—1952年）担任总统期间取得了最大的成功。政府公开干预工会内部事务，并任命工会董事；劳工领袖成了政府的腐败爪牙。一些法律得到了通过，比如《社会解体法》（the Law of Social Dissolution）修正案，使政府能够迫害激进的、有阶级意识的劳工领袖。结果，劳工运动被分成了若干个相互敌对的碎片。尽管后来试图将劳工团结在一个支持政府的劳动中心下，即工人单位（Bloque de Unidad Obrera，BUO），但这一分裂依然存在。

隆巴多认为，劳工运动团结的破裂导致了工会民主的丧失，大多数工会领导人的腐败，工会阶级斗争目标的迷失，工人实际收入的不断下降，以及工人阶级昔日强大的影响力在声明国家问题和满足人民要求等方面的丢失。

1957年，隆巴多总结了多年来在劳工运动中普遍存在的问题。这些问题包括工会的内部运作缺乏团结和民主；少数领导者长期控制着工会，扼杀了工人的要求；如果工人抗议领导者的行为，那么这些工人就会受到失业的威胁；工人必须参加官方政党，即革命制度党（Partio Revolucionario Institucional，PRI）；强制工人出席由国家主办的所有重要仪式；工人实际收入不断下降；争取经济需求的斗争有限；以及在劳资关系中强制执行这样一个思想，即无论何时重新谈判集体合同，只要名义工资提高10%就足够了，却不管生活成本普遍提高了一个大得多的百分比。

在洛佩斯·马特奥斯政府（1958—1964年）期间，劳工运动中重新燃起了战斗精神和团结的愿望。1959年的铁路罢工（政府通过逮捕其领导人破坏罢工，其中一些人在1962年仍在监狱中）和全国教育工作者联盟（Sindicato Nacional de Trabajadores dela Educación，SNTE）的内部动乱证明了这种新的战斗精神。然而，隆巴多对工会领导人在这些事务中所采取的策略非常不满。他声称，他们的策略是无政府主义的、机会主义的、极端激进的，以至于损害了工人的斗争，反而为反动派服务。因此，他认为，铁路工会因其极端行动而被彻底粉碎，他们无视了政府关于其罢工是"非法"的声明。

1960年，当全国教育工作者联盟第九区新当选的激进派领导层试图立即通过法令篡夺整个工会的权力时，他们被击败，并且使他们与该联盟其他地区的劳工中心相疏远。上述两种情况都没有满足劳工运动的主要要求——团结的必要性。

1962年，隆巴多总结了他对劳工团结的主要特征和目标的看法。一场团结的劳工运动的特征是独立于国家和资本家的控制；接受阶级斗争的原则，捍卫全体工人的利益，不论其政治、宗教和其他信仰如何；工会内部事务采取民主方式；促进、警惕和保护国有化的工业和服务；为墨西哥经济发展能够脱离外国控制而斗争；与世界各地的工会建立关系，不论其政治立场如何。

隆巴多坚持认为，最能促进团结的策略相对简单，但它们要求那些坚持不懈地追求团结的人诚实、坚持不懈、有责任心，并且完全献身于劳工事业。取代改革派和机会主义的工会领导人以及恢复工会的激进革命方向的唯一途径是从工会内部以耐心和决心在工会成员间开展工作，从而提高他们的阶级意识，采取行动消除他们的虚假领导者，并用真正代表他们利益的革命者取而代之。要真正实现革命的团结，不是靠操纵或自杀式的罢工，而是通过这种来之不易的民主的群众运动。

工人阶级内部的团结是墨西哥所有民众的、追求民主和反帝国主义分子团结起来的必要步骤。为了在墨西哥建立人民民主制度，建立一个团结的统一战线是必要的。人民民主是社会主义建设的基础。隆巴多强调，"除了银行家资产阶级和外国企业的代理人之外，墨西哥的社会阶级，在其所占的比例或多或少，而且只在其中的某些人，容易对民主的爱国统一战线的形成做出贡献"。值得注意的是，隆巴多认为"资产阶级当权者"（代表国家资本主义）的一部分人能够参加统一战线。这种解释（如前所述，导致了支持政府的积极行动和批评政府的消极行动的政策）是隆巴多和墨西哥共产党之间争论的一个主要根源。

与隆巴多对墨西哥社会的解读有关的是他对妇女权利、印第安人社区的保护、青年问题和人口增长问题的看法。最近在妇女权利方面取得了相当大的进展，因为妇女在地方（1952年）和国家（1958年）的选举中获得了选票。然而，不平等现象仍然存在，隆巴多认为应该纠正这种不平等，例如《商业法典》（*Code of Commerce*）的歧视性特征，即要求已婚妇女必须得到丈夫的正式授权才能从事商业活动。

政府官方政策中的一条是保护和促进印第安人的利益。然而，在实践中，这一政策在很大程度上仅限于对民俗的推广。大多数印第安人社区已经被政府完全遗弃，而少数几个得到政府帮助的地区也进展缓慢。墨西哥仍然是过去的样子：在这个国家里，占统治地位的少数民族压迫着许多土著社区。隆巴多认为，政府该采取积极行动，防止侵犯印第安人的土地和地方自治权。然而，除非墨西哥存在"类似苏联的无产阶级政府"，否则压制土著人社区的问题不会得到彻底解决。

为了解决墨西哥土著的社区问题，除了墨西哥的苏维埃化之外，隆巴多还提出了五点建议。（1）必须进行政治改组，以消除人为的分裂。（2）各民族必须在地方政权下享有完全的政治自治权。（3）各民族必须能够使用各自的母语，为此，必须为尚未使用字母的民族编写母语字母表。(4) 必须发展各民族聚居地区的经济生产来源。(5) 少数民族地区必须消除私有财产,实现农业生产的完全集体化和机械化。必须禁止外来者在这些地区定居,必须"在工业无产阶级的保护下"促进这些民族的审美、体育和军事等方面的教育。

1931年,隆巴多完成了他的博士论文《普埃布拉州塞拉地区的语言地理》(Geografia de las Lenguas de la Sierra de Puebla),为实现第三个建议做出了实际贡献。他对这个话题特别感兴趣,因为一位农村教师告诉隆巴多,印第安人的学习速度比其他人慢得多。老师说,这是由于他们天生愚蠢。隆巴多认为不然。他从事这项研究的目的是找出一种能帮助指导印第安人学习的有效技术。这项技术类似于16世纪西班牙传教士所使用的技术,它为土著人的母语提供字母,以便使印第安人能够用他们自己的语言读写,同时教他们西班牙语。

青年问题不仅没有得到关注,官方甚至否认存在这样的问题。近年来,由于生活中的不安全感,尤其是对未来的不安感,墨西哥青年感到极度的不安和焦虑。在村社、工厂、政府服务部门或手工艺行业中,年轻人没有多少就业机会,教育设施不足,成千上万的人既得不到工作,也接受不到教育,因此,他们往往处于赤贫状态,生活上得依赖父母。在绝大多数青年的生活中,完全没有设施来刺激和发展他们的审美观念、智力以及身体健康。

隆巴尔多指出,墨西哥的人口增长率已成为世界上最高的国家之一。年增长率从1895—1910年的平均1.4%上升到1930—1940年的2%,从1941—1950年的3.1%上升到1950—1960年的3.4%。隆巴尔多强调,"如果生产节奏不能预测未来,国家的经济发展就会受到阻碍,给每一个秩序带来严重的问题"。

隆巴多一直到现在都在关心墨西哥的教育问题,这是他终生都关注的问题。他赞扬了教育革命工作的某些方面,如农村学校和中学的组织和扩建工作、1937年国家政治研究所(Instituto Politécnico Nacional)的成立和1917年《墨西哥宪法》第3条禁止宗教性质的企业建立或指导小学。1934年,隆巴多坚定地支持对1917年《墨西哥宪法》第3条进行修正,规定教育必须是"社会主义"性质的。他的论点表明了他的新马克思主义取向:教育制度是历史的产物,在每一种情况下都是由一组特定的财产关系决定。它们有助于维持这些财产关系,从而有助于保持统治阶级的统治地位。因此,资本主义社会的教育不可能完全是社会主义性质的,不可能是辩证唯物主义性质的,不可能是唯物史观性质的,不可能是阶级斗争理论性质的。然而,在这样一个社会中,它可以实现一种半社会主义的取向。重要的是革命者要提倡这种思想和取向,因为教育可以在激发无产阶级的阶级意识方面发挥基础性作用——这是建立无产阶级政权的基本前提。与此同时,必须阻止某些特殊的推广宣传"墨西哥社会主义"活动,因为这种"社会主义"实际上只是法西斯主义的一种形式。

1946年,《宪法》的第3条再次得到修订;教育是"社会主义"的规定被取消了。然而,隆巴多对这一行动的判断较为宽容,因为新的修正案保留了对在教育中传授宗教教义的制裁,并重申了国家在建立国家教育规范方面的主导作用。

尽管隆巴多赞扬了墨西哥教育取得的成就,但他还是从上到下批评了墨西哥的教育制度:墨西哥教育既失去了革命方向,也失去了教师的专业奉献精神;它只是一种行政和官僚职能。墨西哥缺乏作为行动和发展的基础的科学教育方法。墨西哥不加批判地照搬美国制度的普遍做法尤其证明了这点。隆巴多指出,墨西哥在国家发展方面的需求和墨西哥学生的心理需求都不同于美国。他批评墨西哥学校使用美国开发的考试,而且进一步质疑这种考试本身的价值。在这方面,他特别质疑多项选择题、填空题和判断题作为培养学生批判性思维和创造性能力的手段的价值。此外,他还声称,美国教育本身就于危机之中,因此是一个糟糕的榜样。此外,美国的教育无法培养出足够数量的优秀科学家,在这方面正落后于苏联。

墨西哥的小学教育长期以来一直都是肤浅和低劣的;隆巴多提到,随着美国教学方法被复制,这种情况变得更加严重。学校和教师严重短缺:1958年只有7500名小学教师,而所需要的人数则是这个数字的两倍。墨西哥88850个村庄中约有5万个村庄缺乏学校和教师。教科书经常被修改,不是为了满足科学规划的标准,而是为了偏向某些作者,这种偏向"并非完全出于教学的原因"。

从20世纪20年代开始,墨西哥的中学教育模式是按照美国高中教育模式发展的。然而，隆巴多声称，这种模式并不适合墨西哥人的需要，更糟糕的是，它与小学"在教学和功能上"没有整体联系。所教的科目之间没有理性的联系，也没有按照逻辑上的综合顺序提供给学生。小学教育质量的下降必然导致中学教育质量的下降；由于测试方法不佳而导致中小学教育都变得表面化。中学提供的手工训练完全不足以使学生为任何实际职业做好准备。

小学和中学教育的不足之处在于，小学毕业的学生中只有11%进入了中学；76%的注册学生没有完成一年以上的初学教育；只有37%的人完成初中教育进入预科学校。

乡村学校数量不足，人员短缺。事实上，农村教师缺乏早期革命的传教精神，隆巴多希望能够改变这一状况。更确切地说，他们中的许多人在精神上腐化堕落，为了个人利益——通常是为了金钱利益——与地方政客结盟。他们已经失去了作为教育者的高度责任感。

1868年，贝尼托·华雷斯（Benito Juárez）创建的墨西哥国立预科学校是一所有鲜明特色的学校，用于补充六年的小学教育和五年的大学教育预备学习。国立预科学校曾经提供广泛的教育，包括扎实的科学基础。现在，预科学校的这种先进性已经丧失，因为它的课程已经发生改变，已改为强调文科，并使理科成为次要的和可选修的课程。它的学科专家已被方法论专家所取代，它的标准已降低到小学的标准。预科学校即高中（Bachillerato）还没有在全国范围内被标准化。因此，由于各学校的财政和人力资源不同（通常是不足的），各州预科学校所提供的教育质量出现了相当大的差异。

隆巴多说，中小学教育的缺陷不仅源于学校、教师和经济资源的短缺，而且源于师范学校教育体系的长期危机。师范学校水平低。它们传授给学生的自然、社会生活、科学和技术等方面的知识不完善；对方法论的强调是以牺牲要教授学科的知识为代价的。这种方法偏重于程序化和死记硬背的学习过程，既低估了学生的抽象思维能力，又使学生原有的思维能力趋于僵化。此外，教师作为一种职业，在经济回报和社会声望方面缺乏足够的吸引力。因此，许多人把师范学校和教学仅仅作为进入职业发展的垫脚石；只有那些没有更高追求的人才能留在小学。最后，联邦政府部分地放弃了《宪法》第3条所保证的对教育的性质和形式的控制，因为（在 1958 年）大约 43 所私立师范学校在它允许下成立，一般是宗教性质的，按照它们自己的标准和方法办学；国有的学校只有 29 所。

技术教育的改进不仅需要对国立理工学院（Instituto Politécnico Nacional）（墨西哥最重要的技术学校）进行重组，还需要对国家各类技术学校的职能和发展进行规划和协调。有些技术学校是由私营企业经营管理，有些则是由国家政府或省政府的各部门和机构管理。所有这些机构必须与墨西哥的发展需求直接协调。

大学和其他高等教育机构的设施普遍不足，只有社会特权阶层才能使用。墨西哥模仿美国在各地建立了一些大学，但并没有缓解这种情况。然而，如果以一所真正的大学的标准来衡量，那么新学校中"慷慨大方"的条件下也只有两所到三所可以被认为是真正的高等学府。这些标准是：教学水平高，教师素质高，能够激发和发展学生的智力活动能力与人类的思想最先进水平同步发展的能力。

国家政府不应允许建立许多质量差和经济资源缺乏的大学，而应与各州一起规划建立五六所高质量的大学。国家政府必须负起责任，因为唯有它能有足够的资金来源完成这项任务。

总之，隆巴多批评墨西哥教育缺乏基于墨西哥现实的科学教育理论；使教育成为一种行政和官僚的职能；许多教师失去了教育人民这一事业的革命方向和专业献身精神；过度复制不适用于墨西哥的需要的美国方法；各教育层次之间缺乏协调性；普遍降低教育标准；设施普遍不足；乡村的学校和教师都短缺，且后者缺乏敬业精神；教会和私营企业在教育方面的作用越来越大；许多墨西哥人缺乏受教育的机会，特别是接受高等教育的机会受到社会特权的限制；以及教师的培训和报酬都不足。

隆巴多认为，解决墨西哥危机教育的关键在于，根据时代的最先进的知识，发展一种适应墨西哥需求的科学教育方法，由国家政府重申其管理、控制和指导墨西哥教育的宪法特权和义务。联邦政府必须停止通过允许宗教和其他私人机构在墨西哥教育中自由运作增加现有学校数量的做法。为了有足够的财政资源，以便能有效地控制和促进教育，并发展出科学的教育方法，墨西哥民族必须在促进以墨西哥利益为导向的重工业的基础上迅速实现经济工业化。这种基本的工业化反过来又将有利

第四章 墨西哥的社会结构和政治结构

于发展农业生产、轻工业和服务业。

隆巴多还分析了墨西哥主要政党的特点。在他看来，国家行动党（Partido Acción Nacional，PAN），是墨西哥主要的右翼和宗教党派，代表私人银行家、大商人、外国资本家及其墨西哥同伙。全国无政府主义联盟（Unión Nacional Sinarquista，UNS）是国家行动党的附属组织，它是后者"作为流行色彩的音符和煽动人心的讲坛"。革命制度党（Partido Revolucionario Institucional，PRI）自1946年成立以来一直控制着政府，是执政党，代表着墨西哥革命以来兴起的新资产阶级。但是，资产阶级中仍有一部分没有任何党派代表，这包括墨西哥的实业家和一部分农民和牧场主；然而，后者是"有条件地"为革命制度党服务的。（社会主义）人民党和墨西哥共产党代表工人阶级。随着其他政党的支持，（社会主义）人民党试图建立一个统一的政治联盟，它代表农村和城市的工人阶级、农民、革命的知识分子、实业家、农场主、养牛人以及"与公权力结盟的新资产阶级中的一些进步人士"。这样的政治联盟是可行的，因为这些群体虽然存在差异，然而他们都有一个共同的敌人，即在墨西哥进行帝国主义垄断的企业。联盟的目标将是促进民族独立、经济发展和政治民主。

隆巴多将（社会主义）人民党分别与革命制度党和国家行动党进行了对比。与前者的差异是程度上的不同；在革命制度党犹豫不决时，人民党则坚定地推进革命的发展。然而，与后者的差异则是性质上的不同；这种差异是革命和反革命的区别，"是民族英雄莫雷洛斯（Morelos）和墨西哥皇帝伊图尔维德（Iturbide）之间的区别，是革命领袖萨帕塔和实行独裁统治的迪亚斯总统之间的区别……是墨西哥矿工和美国冶炼工人之间的区别"。

关于1958年的总统选举，隆巴多发表了一项关于革命制度党的声明，该声明现在仍然有效：

> 在总统选举前，革命制度党必须永远明确自身的定位。我们将看到它的计划、目标和候选人。它将在方向上取得胜利——当然不是正式的——要么当前的资产阶级没有向帝国主义投降，不希望结束改革，也不想恢复神职人员在政治上的地位，要么（将会有一股

▶▶ 托莱达诺：墨西哥马克思主义者

希望的潮流）宣布革命已经结束。在后一种情况下，革命制度党中的一些先进分子迟早会加入革命的在野党，站在人民的政党和真正的领袖这一边。

隆巴多严厉批评墨西哥的腐败和不民主的政治做法。他对当代政府的做法最为批判。① 除了卡列斯总统第二次控制国家的时期（1928—1934年）以外，从贝努斯蒂亚诺·卡兰萨（Venustiano Carranza）总统到曼努埃尔·阿维拉·卡马乔总统都没有受到太严厉的批评。对于卡德纳斯总统（1934—1940年），隆巴多认为他是一个伟人，因为他促进了国家独立，提高了生活水平，促进了民主自由。对于阿维拉·卡马乔（1940—1946年）期间的统治，因为他在第二次世界大战中支持盟国和延续卡德纳斯总统限制军队政治活动的传统中所起到的良好作用，而受到好评。

米格尔·阿莱曼总统（1946—1952年）的任期标志着军事独裁时代的结束和官僚资产阶级（或代表国家资本主义的"掌权资产阶级"）统治的开始。这个官僚资产阶级，"由公职人员和政治、工会和农业领袖组成"，除了少数光荣的例外，是彻底腐败的。事实上，它已经"使腐败成为政府的官方手段"。许多公职人员成立企业，授予这些企业官方控制的公共合同。他们借用公共资金，利用其控制下的人力和机器，通过政治影响以很少或无成本的方式把获得的肥沃土地开发成牧场或农地。许多新灌溉的土地已在他们的控制之下。官僚资产阶级的成员购买了全国所有利润最丰厚的企业的股份；政治宠儿则拥有墨西哥城大部分重要建筑。简而言之，无论是通过"直接挪用国库，还是通过利用国家机器来促进其目的的实现，这些寄生的资产阶级已经获得了巨大的财富，这将使以前的统治者感到恐惧"。少数官僚资产阶级的财富、奢侈和炫耀与墨西哥人民的贫穷与清醒形成了鲜明的对比。

他抱怨说，腐败无处不在。随着政府开始控制劳工运动，劳工领袖通常都被收买（或迫害）。农民社区不再用民主聚会的方式讨论共同的问题。与此相反，农民由领导人统治，而这些领导人不是根据《土地法典》

---

① 译者注：该书首次出版于1966年北卡罗来纳大学出版社，所以指的主要是隆巴多对米格尔·阿莱曼总统以来的政府行为极其不满。

(the Agrarian Code)定期换届，而是为政治领袖及其同僚服务多年。

司法行政完全腐败。"正义不得不通过收买得到：首先是宪兵，然后是公共部门，然后是法官，然后是市长（alcalde），然后是代表，然后是省长，然后是部长，最后是国务卿（Secretary of State）。"

墨西哥有资产阶级民主的形式，但没有资产阶级民主的内容。隆巴多对资产阶级民主的实践持批评态度，资产阶级民主一方面颂扬公民是国家机构的基础、来源和对象，但另一方面又传播政治是该领域一些专业人士的事业的观念，因此与普通人无直接关系。这些职业政治家中有许多人并不把政治看作一种公共服务，而是把它看作一个获得某种个人利益的领域。然而，隆巴多确实承认美国、英国和其他西欧国家的先进资产阶级民主制度的优点，尽管他批评其中一些国家对传统自由的攻击。墨西哥最好效仿这些国家的做法，因为这至少代表了对其现行制度的改进。

在谈到墨西哥的选举时，隆巴多表示："选举制度的主要缺陷……在于从未计算过选票。"革命制度党的候选人一宣布，选举结果就揭晓了。简言之，墨西哥政府"尽管宪法宣布我们是一个联邦形式的代议制的民主共和国，但我们是一个只有一个人的政府，即共和国的总统"。总统任命这些州长"就像他们是机密雇员一样"。州长任命州立法机构的代表；州代表和州长指定市政府（又叫市政厅，西班牙文为ayuntamiento）的市长和议员（regidore）。国会代表和司法机构成员由总统、部长或州长指定。个人独裁专政（the one-man dictatorship）情况，实际上比过去更糟，因为总统通过内政部国务秘书越来越直接地任命国家立法机关和市议会的成员。

此外，这种一人统治的原则，即军事独裁者的统治（caudillismo）或酋长制（caciquismo），在整个墨西哥社会得到了推广。工会、农民和各级政府的领导人都是各种级别上的小酋长（cacique）（或小首领），他们绝对地主宰他们的下属，小心翼翼地保卫自己的领地不受潜在篡夺者的侵犯。

正如人们所预料的那样，在这样一个不民主的体系中，议会几乎是没有批评的自由，政府权力也没有得到有效的划分。国会仅有批准行政权的倡议，不仅没有任何反对意见，甚至没有任何辩论，以便改进这些倡议。这个国家组织的其他部门也有类似的橡皮图章政策。

对独立政党的发展设置了障碍，例如要求一个政党必须至少有75000名成员才能合法登记。这项规定实际上是为了防止墨西哥共产党被正式提名为政治候选人。实际上，墨西哥"正处于其本土化的首领专制独裁，即考迪罗主义（caudillo）称霸与永久性的政党兴起发展的过渡阶段"。

隆巴多和社会主义人民党为立即改善墨西哥的政治制度提出了三条建议。第一，他们呼吁修改宪法，为市政自治奠定基础。市政自由是革命中最深刻的目标之一，但从未实现过。必须使城市在经济上更加独立，对地方税收有更大的控制权，对地方教育有完全的控制权，不受国家当局的干预。第二，应当认识到公共行政可以理顺政府各部门和机构之间不协调的难题，因为这些部门和机构经常重复和相互矛盾。第三，改革选举制度，实行按比例代表制，即按各政党得票总数的百分比进行代表制，实现政治民主。

隆巴多认为，解决墨西哥政治问题的长期方案在于建立一个无产阶级的社会主义民主制度。在描述这种制度将如何运作时，隆巴多认为一党制将盛行；单一的政党将是一个阶级的政党，是大多数人的政党。（在这里，隆巴多显然指的是工人阶级占人口大多数的情况。）隆巴多还认为，在这样的制度下，党的纲领是衡量政府行为的一个标准；党总是警觉地看着自己的纲领得到遵守。政府官员是工人阶级用来改造社会制度的工具。因此，没有任何公职人员比社会主义公职人员有更少的行动自由、更少的犯错机会、更少的背叛机会。社会主义政党领袖不仅把他的道路和目标明确地呈现在党和工人的面前，作为革命运动的一员，比起该党的其他成员，他还应该以更大的热情和信念主动地去实现这些目标。

与国家问题相关的是教会的问题。隆巴多本人是个无神论者。然而，他的确认识到早期基督教的重要价值。"由奴隶创立的原始基督教哲学是第一个真正的人文主义历史观；但它主要与希腊人的思想形成对比，因为它是对现实的主观逃避。"这种基督教慈善的本质不过是在世界上获得社会公正的一种手段。然而，随着基督教的制度化和成为统治阶级的支柱，基督教最初的理念被破坏了。基督教信仰被用来为阶级关系现状的延续作辩护；正义不会在这个世界上得到伸张，而是在死后的生活中得到伸张。然而，社会正义的理念仍然是基督教思想的一个重要因素。它是基督教思想和社会主义思想之间的基本统一纽带，尽管前者认为实现社会正义从根本上说是一个道德问题，而后者则认为它基本上是一个经济问题——一个社会生产关系的问题。在第二次世界大战期间，隆巴多以这种对社会正义的共同愿望为基础，呼吁基督徒和社会主义者团结起来反对法西斯主义和法西斯主义的"新基督教秩序"。

对过去和现在天主教教会在墨西哥的政治和教育方面的活动，隆巴多持高度批评态度。他指出，在整个墨西哥历史上，教会与国家之间、教会与广泛的群众运动之间一直存在着冲突。因此，教会反对独立运动、改革和1920年的革命运动。"教会一直是这些革命的敌人，因为它一直是墨西哥进步的敌人……"

宪法对教会的限制是这场长期冲突的产物。教会被禁止拥有财产，因为过去的经验表明，当教会拥有大量房地产时，经济生活就会停滞不前。公共宗教仪式是被禁止的，因为以前的经验表明它们会被用于政治示威。禁止教会控制中小学，因为在过去，这类学校被用作政治工具，向学生灌输反对世俗国家和革命进步的思想。

所有这些宪法规范都被违反了。全国有许多修道院，教会开办了许多学校，全国各地都有公共宗教游行，教会与右翼政党国家行动党有着密切的联系。后者的结盟目标是墨西哥所有的右翼反革命势力夺得政治权力。

作为非法宗教活动问题的解决办法，隆巴多和社会主义人民党仅仅建议国家执行禁止这种活动的宪法准则。他们特别坚持要遵守教育方面对教会的禁令。

教会和国家行动党的主要宣传武器之一就是指责革命和宗教是完全对立的。隆巴多坚决否认这一点。在整个墨西哥历史上，教会和国家一直在进行着斗争，其结果是，按照国家的意愿，教会的政治活动受到了限制。长期的斗争和限制都不是针对宗教本身的，也不是针对信仰自由的。这一主张支持如下事实：宪法保障信仰自由，独立、改革和革命的许多领导人——如伊达尔戈（Hidalgo）、莫雷洛斯和华雷斯——都是信仰天主教的。隆巴多把他的态度总结为："正如教会和国家之间一直存在着一场永恒的斗争一样，革命和宗教之间也从来没有过斗争。"

隆巴多本人已宣布，他充分尊重宗教信仰自由，也完全支持墨西哥天主教会作为一个宗教协会有运作自由。1943 年，在墨西哥革命 33 周年之际，在墨西哥城超过 10 万的人群面前，隆巴多总结了墨西哥劳工联合会关于信仰自由的立场如下："墨西哥革命应该捍卫信仰自由的今天，明天，直至永远。如果有一天在墨西哥出现一个攻击信仰自由的宗派主义政府，那么有组织的墨西哥无产阶级将会战斗，并将为重新赢得我国的信仰自由献出自己的鲜血。"再一次，在 1952 年马萨特兰（Mazatlán）的总统竞选期间，隆巴多说："我是一个没有宗教信仰的无神论者，已经宣布过一次，现在我再重复一遍，如果某天我国有一个政府试图废除宗教信仰自由，那么我将会拿起武器来恢复宗教信仰自由……"

当然，隆巴多的无神论和他对宗教信仰自由的坚定捍卫之间并不矛盾。后者是一项基本人权，没有它就不可能有真正的社会的民主。隆巴多作为马克思主义者，认为在社会主义社会中，随着科学的进步和社会关系的改善，宗教会逐渐消亡。

第五章　人民民主与社会主义：新人文主义

正如我们所看到的，维森特·隆巴多·托莱达诺对墨西哥革命提出了许多具体的批评。本章将研究隆巴多对革命的积极方面和消极方面以及继续追求革命理想的方法的总体看法。这些观点是从隆巴多在一段时期内发表的意见中收集整理而来的。然而，隆巴多在1962年同意这些观点，它们代表了他当时的想法。

隆巴多认为墨西哥革命本质上是一场资产阶级革命。它的主要成就，如1917年《墨西哥宪法》的通过，是执政的革命小资产阶级和工农联盟的结果。但是，革命并不完全比得上十八九世纪的资产阶级革命，因为它发生在资本主义帝国主义时代的20世纪。19世纪末20世纪初，资本主义帝国主义在相当大的程度上渗透了墨西哥。因此，墨西哥革命不仅是民主的、反封建的，而且是反帝国主义的。从这个意义上说，它与20世纪所有的反殖民运动都有联系。

革命的目标——民主、民族独立、通过经济发展提高生活水平——尚未实现。革命经历了进步和倒退的时期。但这场革命仍在继续，这是必须的，因为它是"20世纪民众需求的真正的和直接的成果"。

他承认，革命取得了许多积极的成就。半封建的庄园制度被破坏了，大量的土地被分配给农民和农业工人。农业生产增加了和形式也变得多样化。随着农村人民生活水平的提高，内需也在增加。新工业得到发展，铁路和现代公路得以修建。健康和公共卫生服务得到扩大，并建立了

《社会保障计划》。学校数量有所增加，农村学校和中等学校的建设和扩建工程也正在进行。这个国家的人口迅速增长。国民收入和政府收入大幅度增长。由国家政府在墨西哥进行的所有的投资生产都得到了极大促进。工人阶级运动得到了发展，农民也得到了组织。

隆巴多声称，尽管取得了进展，革命的目标仍远未实现。墨西哥的国民生活远不是民主的。选举自由不存在，因为总统和官方政党控制所有选举；因此，公职人员实际上是当权者任命的，而不是民选的代表。从工会到农民组织，再到政府的部门和办公室，多数墨西哥组织都由领导人控制。既不存在有效的政府权力分立，也不存在自由而具有批判性的议会辩论。腐败在国家组织的所有部门都很猖獗，包括司法部门。

经济发展只带来了有限的人民生活水平的提高。事实上，近年来，经济发展是以牺牲大多数墨西哥人的总体生活水平为代价的。墨西哥经济遭受着人为债务的困扰。大庄园在墨西哥仍然存在，因为一个新的资本主义地主阶级已经兴起；一百多万农民没有土地。许多农业生产中仍然沿用着陈旧的方法，水和信贷资源不足。他声称，每年有数十万墨西哥的农村人口被迫前往美国寻找工作。工业与农业的发展之间、城市与农村的发展之间，存在着深刻而严重的不平衡。国内购买力过小，市场不够灵活，刺激不了国家的工业化走向快速健康的发展道路，而重工业的发展才刚刚开始。

由于墨西哥在经济上仍然依赖外国，特别是美国，因此尚未实现完全的民族独立。这种依赖性表现在几个方面。在努力实现国际收支平衡的过程中，墨西哥依赖于美国的三种主要的外汇来源：出口到美国的农业和矿业的原材料的出售，墨西哥工人在美国获得的收入，以及美国游客在墨西哥的消费支出。此外，墨西哥的贷款、投资资本和购买资本货物都依赖美国。从上面可以看出，墨西哥的绝大部分对外贸易是由美国控制的。美国的垄断企业控制着墨西哥的采矿业，并在主要的制造企业中占有更大的份额。

甚至更多的美国投资试图控制墨西哥经济，"使我们国家的经济发展变性，阻碍其真正的工业化，阻碍我们的国际贸易，并试图使这个国家成为依赖北方垄断势力的殖民地"。

美国政府以多种方式干涉墨西哥事务。美国联邦调查局（Federal Bureau of Investigation，FBI）在墨西哥自由行动。美洲工人组织（Organización Interamericana de Trabajadores，ORIT），由美国政府进行推广，且"由美国劳工联合会（the American Federation of Labor）的反动派领导人指挥"。该组织干涉墨西哥劳工运动使其有利于自身利益，以便维护美帝国主义的利益。作为冷战敌对行动的一部分，美国政府指挥了一场运动，反对所有争取民族独立和国际和平的墨西哥左翼分子。最后，为了更容易地控制墨西哥的命运，美国政府试图将墨西哥与拉美邻国隔离开来。

墨西哥革命继续发展的主要障碍是美国垄断企业的利己主义活动，这些垄断企业得到美国政府的支持，并与墨西哥官僚和私人银行资产阶级的成员结盟。隆巴多指控，私人银行资产阶级和美国经济帝国主义的其他支持者和代理人，与传统保守派的革命幸存者（如神职人员和宗教狂热分子）联合起来，组成了国家行动党。这个党的目标是消灭革命。

隆巴多坚持认为，面对这些反对派，必须寻求反对帝国主义的民族团结，作为继续实现民主革命目标、通过经济发展提高生活水平和民族独立的基础。在工人阶级内部实现团结和唤醒他们的阶级革命意识，是形成反帝国主义统一战线的根本。有阶级意识的工人可以在共同反对帝国主义的基础上，在政治上与墨西哥大多数其他社会阶级团结起来。因此，反帝国主义的统一战线将代表墨西哥人民的绝大多数，包括城乡小资产阶级（包括农民）、民族资产阶级和官僚资产阶级（代表国家资本主义的当权资产阶级）。正是对这种对反帝国主义的统一战线的追求，促使隆巴多在1947年至1948年组建了人民党。人民党（1960年更名为社会主义人民党）继续统一战线事业，成为墨西哥历史上最受欢迎的反帝国主义政党。

隆巴多深信，墨西哥不能在资本主义制度的基础上实现其革命目标。反帝国主义的统一战线必须建立人民（民众）的民主制度，作为在墨西哥建设社会主义的一种手段。只有这样，墨西哥才能实现其革命目标。隆巴多关于在现代欠发达的国家发展资本主义是不合时宜的观点，虽然冗长，但值得一读。在他的作品中《关于苏联共产党第二十次代表大会》（*En Torno al XX Congreso del Partido Comunista de la Unión Soviética*）中，隆巴多指出，认为墨西哥和拉丁美洲的其他国家都可以建立19世纪的资本主义政权（在这个垄断的资本主义帝国主义时代，不在任何地方存在），"是相信人们可以把属于过去的生活体系提升到社会组织的理想范畴"。

隆巴多接着说，新的观念正在世界各地出现，它们正在取代旧的看待事物的方式。新的观念是政治制度必须民主化，以便新的和更好的人能进入代表性机构；世界各地存在着巨大的人力和物力，等待着为全人类的利益而被加以挖掘利用；这种巨大的生产是一种手段，而不是目的，它应该服务于所有的人民，而不仅仅是服务于剥夺集体劳动成果的少数特权阶级；大多数工人们不必把自己限制在对即刻改善经济方面提出要求（这些改善一旦获得，也很快就丢失了），但可以寻求途径结束社会分裂为敌对阶级，从而消除分裂的结果，即财富分配不均、失业、经济危机、对个人和社会保障的压制和战争等。

这些新观念与正在消失的旧观念和体制形成鲜明对比。旧的观念包括"资产阶级民主，在它抽象地宣布所有个人的经济、政治和司法等都是平等的面具下，掩盖了剥削大多数人的阶级专政"。隆巴多认为，旧的观念还包括这样一种思想，即不发达的国家可以由外国垄断企业发展，可这些垄断企业只谋求最大的利润，并破坏这些国家的经济和政治发展；通过给予私营垄断企业行动自由，可以增加人民的实际收入；一个国家可以实现工业化却不需要建立广泛的基础工业，但事实是这种基础工业生产的机械对该国其他的经济部门的发展至关重要。总之，隆巴多总结到，旧的观念是，经济发展本身就是目的，"即使以牺牲人民群众的经济和政治利益为代价，或牺牲国家独立为代价，进步也是有效的"。

他希望建立的人民民主被定义为"一个由工人、国家资产阶级和城市小资产阶级的成员组成的政府，这个政府是工人阶级领导的，是反动派和帝国主义所不能制服的"。人民民主的首要任务是建设社会主义。

向人民民主（作为社会主义建设的基础）的过渡是和平的还是暴力的？隆巴多强调，通往社会主义的道路有很多，墨西哥必须选择最适合其环境的道路。必须研究古巴革命（Cuban Revolution），但不能假定墨西哥应该完全遵循菲德尔·卡斯特罗（Fidel Castro）的方法。正如墨西哥革命具有与其他拉美经验不同的鲜明特征一样，墨西哥的社会主义革命也有其独特的特点。隆巴多强调，最重要的是要认识到，革命的主客观条件必须在革命发生之前就已经存在。帮助准备这些条件是革命部门的任务。

社会主义革命的环境可以用两种基本方式创造。（1）以各种方式促进墨西哥的经济发展。这种发展将加剧社会生产与私人占有之间的基本矛盾，在墨西哥，这种矛盾基本上表现为农业发展与工业生产发展之间的矛盾，帝国主义垄断渗透与国民经济发展之间的矛盾。（2）在广泛的反帝国主义人民统一战线的基础上，促进工人阶级具有阶级意识的革命团结，以及这个阶级同其他社会阶级的团结。

隆巴多坚持认为，一旦客观条件存在，革命就会发生，尽管统治集团企图镇压和分裂人民的力量。墨西哥从半殖民地的、孕育着社会主义的国家资本主义经济到人民民主的实际转变过程将是短暂的。这一预测得到了辩证唯物主义思想的支持，即一旦到达临界点，就会迅速发生从定量到定性的转变。

然而，隆巴多预测，这种过渡将是和平的——或者至少可以是和平的。他曾多次表达过这种看法。在1955年人民党的全国代表大会（National Council of the Partido Popular）上，他发表了名为"墨西哥的视角：人民民主"（*La Perspectiva de México: Una Democracis del Pueblo*）的讲话，他指出，和平的革命是必要的，因为墨西哥邻近想登上世界第一大国宝座的美国。如果发生暴力革命，或者即使是企图组织一场革命，美帝国主义就会在墨西哥建立一个镇压性的反动政权。隆巴多提出了"向社会主义过渡有许多种方式"这一命题，并强调他并不排斥未来在墨西哥发生暴力革命的可能性，因为比起担心如果不这样做就会被监禁，他更担心如果他得出任何其他结论就会反马克思主义。也就是说，隆巴多显然认为用马克思主义分析后不可避免地得到的结论是，墨西哥向社会主义的过渡将是和平的。1956年，隆巴多在他的《关于苏联共产党第二十次代表大会》（*En Torno al XX Congreso del Partido Comunista de la Unión Soviética*）一书中，强调了"向社会主义过渡有许多种方式"这一命题与和平变革的可能性，是苏联共产党第二十次代表大会的重点。最后，人们可以从隆巴多在1960年向人民党的全国代表大会提交的报告中推断出，和平变革的可能性得到了强化，在未来迈向人民民主的过程中，代表国家资本主义的执政的官僚资产阶级也将加入广泛的反帝国主义的人民统一战线。

然而，在其他作品中，隆巴多似乎设想了暴力革命的可能性。因此，他谈到在墨西哥发展的"这个历史性时刻"反对暴力，并警告说，如果不能"以爱国的方式"满足墨西哥人民的需要，就会爆发内战。他再次警告说，"除非人民有权在国家立法权和市政管理机关中发出自己的声音，否则人们无法想象在实现人民民主的过程中会发生和平形式的革命"。1962年10月，隆巴多表示，墨西哥资产阶级的态度将是至关重要的。如果资产阶级用武力阻止变革，无产阶级就用武力强迫变革。如果资产阶级接受变革，无产阶级当然就不会使用武力。

简而言之，隆巴多显然认为，未来革命的具体形式将取决于，革命危机发生时存在的国内力量与国际力量之间的特殊关系。革命可以是和平的，隆巴多是这样认为的，并希望它是和平的。另外，它可能是暴力的。墨西哥人民革命的要素是必须促进变革的先决条件（即经济得到发展和人民反帝国主义统一战线得到建立），然后必须准备根据未来的紧急需要采取果断的和明智的行动。

隆巴多对社会主义在墨西哥乃至全世界出现的信念是绝对的、不可动摇的。正如他所说："我属于一项不朽的事业。"原因是那项事业是人类对自我实现的追求。社会主义不过是达到这个目的的一种手段。

因此，隆巴多青年时期的广泛的人文主义的和丰富的（非哲学的）理想主义情感一直延续到他的成熟期。事实上，隆巴多一生的学习和行动的主要动力是他希望促进改善人类的社会关系，从而使人类的潜力能不受限制地蓬勃发展。隆巴多的理想主义在他的演讲和著作中表现得非常明显，在1940年的一次演讲中，他承认：

> 我更喜欢成为一名诉讼人；我更喜欢成为一名律师；我更喜欢成为一名大学教授；正因为如此，我和我自己的人在大街上，为了墨西哥的自治，为了墨西哥革命而反抗反动势力……
>
> ……我们的敌人所不知道的是，我们无产阶级的武装分子都是永远年轻的；我们的信仰不仅没有死在我们的斗争中，恰恰相反，它反而会随历史进程越来越将资本主义政权置于巨大危机之中，而即将到来的黎明已经照亮了我们的精神，我们的眼睛，指示我们，

很快所有的人类，不仅是无产阶级，将不得不为如此多的牺牲作出补偿。

1942年，隆巴多在解释为什么必须保卫苏联和打败法西斯势力后补充说：

> 所有这一切都必须传播开来，必须加以解释；但首先有必要去感受它。只有那些像列宁（Lenin）一样热爱人类的人才能感受到这一点；这些人有能力将自己的生命奉献给更伟大的事业。小人物不是，也不可能是列宁主义者（Leninist）。那些厌倦了给予的人，或者那些已经付出并认为自己付出了很多的人，不可能是列宁主义者。另外，那些付出了却觉得自己什么也没有付出的人，那些不知疲倦地工作，甚至在物质上匮乏到濒临死亡的人；那些生活在对所有人的美好未来的幻想中，这种幻想永远不会被熄灭的人；那些梦想更美好世界的人；那些在良心上不完美却瞥见一个没有被剥削的人或剥削者的世界的人；那些想要为一个真正符合人民意愿的政权效力的人……这些人都将是能够被成功动员为革命的先锋。

最后，隆巴多的理想主义思想在他1950年参加华沙和平会议（Warsaw Peace Conference）时所作的诗《现在与未来》（*Presente y Futuro*）中得到了充分体现。最后的三节是：

> 我是最富有的人
> 因为我的理想
> 比所有的人都要高尚
> 我的爱
> 比生死更伟大
>
> 我付出我所拥有的一切
> 我不厌倦地付出
> 因为我付出的越多

▶▶ 托莱达诺：墨西哥马克思主义者

>我得到的就越多
>我的理想在成长
>我的爱在闪耀着
>在其他爱的旁边
>就像一颗
>午夜的星星
>闪耀着
>
>这样的生活
>多么幸福啊
>这样的人生道路
>多么容易啊。

社会主义是达到目的的手段。它是人类实现自身价值的手段，是实现人类历史上所强调的人文价值的手段。他坚称，"社会主义不是宗教……社会主义是纯粹的人道主义，是人类的正义，是人类从无知的阴影和最初的宗教恐惧中得到的救赎"。人文主义的繁荣在过去曾经发生过，但是在实践中实现的人类价值观总是片面的和弱化的，因为人类仍然一直与自然对立，也与自己对立。资产阶级社会已经无法实现它所宣称的人文主义理想。人们仍然被划分为相互敌对的社会阶级，由于被迫将自己的劳动力作为商品出售，他们仍然与自己的人关系疏远。此外，一部分人认为资产阶级社会是一种永久的社会组织形式，这也许是他们最大的缺陷。许多形式的残酷镇压手段被用来维持资产阶级社会。

隆巴多指出，社会主义将消除社会阶级的对立分化，并将结束为生产私人利润而出卖劳动力的行为。在合作、计划生产的基础上，新的社会关系将为快速的经济发展提供可能性。经济的发展将提供大量的商品和服务，以满足人们的基本物质需要。因此，人们可以从对身体需求的主要关注中解脱出来，将能够充分开发其智力和精神潜力。

隆巴多经常表达这样的观点，即社会主义是实现人的全面发展的一种手段。1930年，他写道，只有"目光短浅或无知的人才相信社会主义就是最终目的"。隆巴多继续说，社会主义是一种手段，而不是目的；是实现人类被资本主义扼杀的"精神力量"的手段。正是这种精神力量"使人的生命变得有价值,并使每个人都成为幸福的和不知疲倦的劳动者"。

而且,1960年隆巴多写到,如果社会主义只能改善人们的物质生活条件,增加实际收入和改善住房等,那么它就不会对人类的解放产生决定性的影响。社会主义不止于此。"社会主义是一种手段,而不是目的。这是把人从物质痛苦中解放出来的一种方法,但目的是把人变成一个在世界中真正自由的人。"

人类将有史以来第一次主宰自己和大自然;在整个历史过程中为提升人类精神而奋斗的人类内在力量将被释放。新人文主义将包含的不是人类的一部分,而是全人类。

新人文主义拥抱
地球上所有的人
黄种人和白种人
黑种人和红种人
这是历史上的第一次

不管是东方人,还是西方人,
不管是北方人,还是南方人,
都怀着同样的理想
都怀着同样的希望。

现在各民族的人
都是真正的兄弟
用各自的语言
大家齐声高唱
对自由的同样的赞美诗。

第六章 国际关系

墨西哥革命开始时，少数资本主义帝国主义国家统治着世界。然而，维森特·隆巴多·托莱达诺指出，在 20 世纪中叶，这种情况已经不复存在，因为世界已被划分为两种制度：资本主义和社会主义。隆巴多对这两种制度的性质和相互关系的看法表明，他接受和重复了苏联关于这一问题的官方观点，没有任何的保留或修改。

在隆巴多看来，资本主义世界的三个主要特征是：（1）商业危机和长期失业导致高度工业化的资本主义国家的阶级斗争愈演愈烈；（2）殖民地和半殖民地国家继续为争取民族独立而叛乱；（3）帝国主义内部继续发生着的竞争，威胁着资本主义国家之间的团结。他指出，资本主义内部的主要矛盾在于资本主义内部集体生产和私人占有所生产的东西之间的日益强烈的对比，这导致资本主义生产方式将会过时并被社会主义所取代。对此，他并没有作进一步的说明。

他的结论是，在社会主义世界里，没有阶级斗争，生产不断增加而没有危机；更重要的是，社会主义国家之间没有激烈的竞争，也不存在殖民地。世界力量间的相互关系支持发展社会主义。

隆巴多说，资本主义国家正在为第三次世界大战做准备，目的是摧毁社会主义，在世界范围内重新建立资本主义——"资本主义的复兴在理论上是不可能的，历史上是荒谬的，实际上是不可实现的"。然而，和平共处和避免另一场世界大战是可能的，因为和平力量占据了优势。这些力量包括苏联和其他社会主义国家，也包括资本主义国家中最先进的民众。因此，尽管存在着发动战争的经济冲动，但是和平力量的积极而团结的行动仍可能阻止战争。"和平的关键在于人们在面对现存的冲突和争议时所作的决定，因为……人是历史的产物，但他却根据现实行动，创造自己的未来。"

他坚信，总有一天，全世界的国家都将成为社会主义国家。但是，对于资本主义国家来说，走向社会主义的道路将是漫长而艰难的，因为对这些国家而言这一不可避免的过渡进程是不均衡的。资本主义国家间的结盟和许多资本主义国家的技术的不断进步有助于维持和延长资本主义制度的寿命。此外，每个国家的过渡都在等待工人联盟和其他群众力量转变成自觉谋求政治权力的革命力量。过渡发生时，可能是和平的，也可能是暴力的；每个国家都有自己的特点。它们将是人民运动的结果，不能也不应该从外部强加于人。只有在国家处于工人阶级控制之下的时候，才能真正地过渡到社会主义。

隆巴多声称，世界上社会主义发展的最大障碍是美帝国主义的行动。特别是拉丁美洲，正遭受着资本主义（实质上是美国）经济帝国主义的霸权统治。拉丁美洲的发展受到美国和欧洲对粮食和工业原料需求的支配；这些初级商品出口的价格受外国操纵。这种外国经济剥削最终是为少数私人垄断企业创造利润。拉丁美洲国家不应屈从于外国垄断的紧急情况，而必须有一个由拉丁美洲国家控制的并符合其利益的发展计划。私人利益和拉丁美洲国家福祉之间的冲突已经达到这样的程度："斗争正以极具影响的方式划分为两大阵营：一方是争取民族独立和民主自由运作的阵营；另一方是对某些国家进行政治压迫和要求这些国家听命行事的北美帝国主义。"胜利将属于前者。

尽管隆巴多对美帝国主义进行了批评，但他仍赞扬了美国人民和美国政治民主的传统运作方式。在1950年的一次讲话中，隆巴多对美国长期有进行政治批评的传统表示羡慕——即美国政府三个部门之间相互进行批评和所有美国公民，不论其是何社会阶级地位，都能对政府进行批评。墨西哥最好效仿这一点，而不是继续把所有政治批评人士归为叛国者。他指出，自第二次世界大战结束以来，这种传统自由一直受到攻击，其结果是，美国的民主政治体制正进入衰退时期。

隆巴多注意到了美国和拉丁美洲之间在历史关系上的积极方面和消极方面。其中包括美国在拉美国家争取从西班牙独立的斗争中所采取的积极态度,如亨利·克莱(Henry Clay)支持美国承认西班牙前殖民地的独立;门罗主义(Monroe Doctrine)"在它被宣布的那一刻,以及它的作者所赋予它的意图";1848年1月12日,亚伯拉罕·林肯(Abraham Lincoln)在众议院(the House of Representatives)的演讲,批评了墨西哥战争(Mexican War)①的侵略性质和吞并性质;法国干预期间美国政府对华雷斯的支持;富兰克林·德拉诺·罗斯福(Franklin D. Roosevelt)的睦邻政策(Good Neighbor Policy),导致他分别在1933年蒙得维的亚(Montevideo)和1936年布宜诺斯艾利斯(Buenos Aires)举行的美洲会议上,宣布反对干涉主义;1934年《普拉特修正案》(The Platt Amendment)的废除;停止干预和反对今后对尼加拉瓜(Nicaragua)和海地(Haiti)进行任何干预的宣言。

隆巴多注意到美国同拉丁美洲关系中的消极方面包括,它未能给1826年的巴拿马大会(Panama Congress)提供足够的支持;它与墨西哥的战争;它的宿命论(doctrine of Manifest Destiny);奥尔尼主义(Olney doctrine)(实际上宣称美国对拉丁美洲的霸权);它的"大棒"和美元的外交政策导致了19世纪下半叶和20世纪早期美国对拉丁美洲国家内部事务的许多干涉——包括武装干涉和其他干涉;在第二次世界大战之后,美国又恢复了它的干涉主义,特别是在危地马拉(Guatemala)和古巴(Cuba)的活动方面。

隆巴多指出了美国历史和拉丁美洲历史的相似之处。过去,这两个区域都是为了吸引寻求经济机会和躲避迫害的移民。然而,自19世纪60年代以来,这两个地区之间出现了根本的差异。美国发展成为一个工业资本主义国家,而拉丁美洲仍然是农业国家和封建国家。由于这些发展上的不同,拉丁美洲国家成为美国和欧洲的经济附属国。拉丁美洲不应作为美国资本主义经济的补充,而应在自身需要的基础上独立发展。

第二次世界大战期间,隆巴多在得克萨斯州的埃尔帕索(El Paso, Texas)发表了一篇演讲,其中有很大一部分是强调美国和拉丁美洲之间

---

① 译者注:即1846—1848年,发生在美国与墨西哥之间的一场关于领土控制权的战争,最终以墨西哥向美国割让得克萨斯州、新墨西哥州、加利福尼亚州而结束。这场战争也被称为美墨战争。

物质发展水平的差异是社会和历史的结果,而不是种族环境的结果。接受种族解释就是接受法西斯分子的观点,而现在正进行的战争是反法西斯的。隆巴多颂扬印第安人、黑人和混血族群为拉丁美洲的物质和文化的发展所做出的贡献。

在同一次演讲中,隆巴多强调说,拉丁美洲人民一直把美国人民和使拉丁美洲人民遭受剥削的帝国主义制度区别开来。"拉丁美洲的各国人民都不是美国的敌人,也不是北美人民的敌人。另外,所有人民都是帝国主义的敌人。"

简言之,隆巴多认为美国是世界上主要的帝国主义大国,是世界上许多民族迅速获得独立发展的主要障碍。然而,不应认为美国人民对美国政府的帝国主义政策负有直接的责任;这些政策是为了少数几个美国垄断企业的利益而进行的。资本主义和帝国主义内部的矛盾总有一天会导致美国人民自己拒绝资本主义,进而建立社会主义制度。他暗示,在那一天,整个世界都会松一口气。

隆巴多在1937年表示,墨西哥必须尊重美国的力量。但他同时又指出,墨西哥也必须认识到它不仅可以而且必须遵循独立的国内政策和外交政策。美国的力量受到社会主义国家力量和资本主义内部矛盾的限制。这些矛盾表现在经济危机中,表现在帝国主义之间的竞争中,表现在殖民地人民对帝国主义的反抗中。"真正代表人民和捍卫人民的政府利用这些矛盾,以便向前走出自己的路。"

然而,隆巴多在1958年哀叹,在外交政策方面,墨西哥并没有利用机会追求独立的政策。值得注意的是,为了支持弱小的拉丁美洲国家,对不干涉原则给予了肯定。墨西哥的外交政策在其日常实践中是屈从于美国利益的。美国和其他外国资本被允许涌入墨西哥。墨西哥政府限制与社会主义国家的贸易和文化交流。美国机构被允许自由地干预墨西哥的文化生活。墨西哥容忍墨西哥人访问美国的自由受到"羞辱性的限制",同时允许所有美国人进入墨西哥,并允许(协助)美国政治警察——联邦调查局——在墨西哥自由行动。为了取悦美国,墨西哥避免与中华人民共和国建立外交关系。最后(也臭名昭著的是),他们攻击共产主义,因为他们相信,作为回报,"我们的山姆大叔会送礼物给我们"。

对墨西哥真实的外交政策,隆巴多作了一个概述:

> 我们的国际政策只能是同各国人民友好相处，没有任何政治歧视；与我们相似的国家保持着密切的关系；与美国保持亲切、真诚、有尊严的关系，不存在自卑或牺牲情结；我们与所有可能的市场进行系统性的贸易扩散；在保存和颂扬我们的民族特色的同时，与世界各国人民进行文化交流，使我们能够把科学的进步和世界艺术的最高表现纳入我们的思想。

他在1956年指出，世界上领先的社会主义国家——苏维埃社会主义共和国联盟——在其生活的各个方面都在迅速而均衡地发展。同这个国家的统一与和平进步相比，美国和其他资本主义国家内部存在着尚未解决的结构性矛盾和战争的冲动，对比鲜明。苏联是当今世界上第二大工业强国，同其他社会主义国家一道，是维护世界和平、支持世界社会主义运动的主要力量。

这些观点是在1956年提出的，是隆巴多自20世纪30年代初以来对苏联所持的极为偏爱态度的表现。1935—1961年，他多次访问苏联，证实并强化了自己的观点。他的首次访问导致了两本著作的出版：《关于苏联的50个真相》（50 vedades sobre la U. S. S. R.）和《未来世界之旅》（Un Viaje al Mundo del Porvenir）。

正如标题所暗示的那样，《关于苏联的50个真相》列出了50条关于苏联社会主义政权的事实性陈述和解释。这些话的基调非常理想化；没有真正的批评。隆巴多似乎对苏联人民高度的社会道德取向和态度印象深刻。隆巴多对苏联政权的理想化表现在以下"事实"上：

> 5. 无产阶级专政在政府方面的体现为，政府是由工人组成的、工人管理的、为工人服务的：这是真正的民主……
>
> 12. 苏联人民的生活有着良好的纪律，这不是任何人强加给他们的；他们劳动的节奏把每一个男人和每一个女人都变成了伟大的社会交响曲的音符……
>
> 22. 在大多数资本主义国家里，几乎所有开着自己的车旅行的人都是剥削他们同伴的人。而在苏联，对于每一个拥有汽车的人，人们都有着真诚而感激的笑容……

39. 有预谋的政治宣传与苏联政权的美学原则格格不入……

《未来世界之旅》是隆巴多的四次公开演讲和维克多·曼努埃尔·维拉塞（Victor Manuel Villaseñor）1935 年在墨西哥城就苏联问题发表的两次公开演讲的合集。隆巴多的演讲包括：《苏联的政治结构》（*The Political Structure of the U. S. S. R.*）、《苏联人民的现状》（*Present Conditions of the Soviet People*）、《苏联政权如何解决被压迫民族的问题》（*How the Soviet Regime Resolved the Problem of Suppressed Nationalities*）、《未来的世界》（*The World of the Future*）。在《关于苏联的 50 个真相》中所呈现的关于苏联的理想主义解释和现状讲解在这些讲座中仍在继续。隆巴多说，苏联是历史上最伟大的民主国家，因为有效的政治个体是劳动人民。苏联社会是以人类的需要和愿望为导向的，他声称这种需要和愿望能迅速而直接地得到满足，而资本主义社会是以少数人的私人利益为导向的。根据墨西哥的现实，俄罗斯在建设社会主义方面的经验并不是无关的，因为人类社会的科学规律适用于世界各地的人。事实上，俄罗斯的这一经验应该作为一个榜样，帮助墨西哥通过建设社会主义来解决其自身的问题。

对苏联的国内外政策，隆巴多还是不加批判的热心支持者。在 1942 年的一次演讲中，隆巴多赞扬了苏联式民主和正义的真实性。"苏联是唯一一个正义就是法律的国家，其法律是真正的法律，是永远不会被违反的法律，是被严格执行的法律。"隆巴多在次年的一次讲话中赞扬了俄国十月革命的三大成果，具体是（1）它开创了人类历史上的一个新纪元，在这个新纪元里，人类科学地控制着自己的社会发展；（2）它的革命产物红军"拯救了人类"，使世界人民免受法西斯主义的迫害；（3）它有助于保卫世界和平，因为它对现代战争的根源——帝国主义——产生了强大的制约作用。在同一次讲话中，隆巴多为苏联对芬兰（Finland）、波兰（Poland）和波罗的海（Baltic）国家的干预进行了辩护，认为这些干预措施完全是为了保护弱小的人民免受法西斯主义的伤害。

自第二次世界大战以来，隆巴多一直支持冷战（Cold War）期间苏联在所有重大国际问题上的立场，从反对马歇尔计划（Marshall Plan）到谴责美国干预朝鲜（Korea）的战争，再到支持和平共处政策和全面裁军政策。对于苏联的内政，在他的一生中，隆巴多一直是斯大林（Stalin）及其政策的忠实崇拜者。1949年，隆巴多在苏联报纸《劳动》（Trud）上写了一篇短文以纪念斯大林的生日。1950年，他称赞斯大林是20世纪最伟大的三个人之一，与列宁和毛泽东一起。

然而，隆巴多接受了1956年苏联共产党第二十次党代会上提出的对斯大林的批评。同样地，他支持党代会上强调的社会主义道路有许多方式和第三次世界大战是可以避免的主题。他赞扬党代会上的自我批评是党有力量的表现，而不是软弱的表现，并宣称资本主义国家的执政党永远不会进行这种现实的自我批评——所有的批评都来自反对派，通常是非革命的党派。尽管如此，隆巴多仍然对斯大林十分尊敬。他在1956年写道，约瑟夫·斯大林（Joseph Stalin）"是世界历史上最伟大的人物之一。他是杰出的革命思想家，是第一个社会主义国家的主要建设者之一。为了客观而有效地评价他的工作，必须要考虑到他积极的行为和他的错误。指出后一种情况是有益的和必要的，因为（分析过去错误的）经验将使我们能够避免在今后再犯这些错误"。隆巴多接受了第二十次党代会上的解释，即斯大林犯下的错误是"个人崇拜"的结果。通过坚持苏联共产党内部的集体领导的运作方式，将来可以避免类似的错误。

关于苏联与东欧社会主义国家之间的关系，隆巴多说过：

> 所谓的人民民主制度的国家从属于苏联，只不过是为了废除资本主义制度以建立社会主义的世界各国人民之间的一种自然的、历史的、必要的和合法的联盟。（正在创建中的社会主义世界）是建立在未来国内和国际的经济计划的基础上的，既没有私有财产的束缚，也不存在资本主义国家之间的利益矛盾。

对于南斯拉夫（Yugoslavia）在"理论和策略上的差异"，以及对该国"在如此小的一个国家内实行社会主义经济的自给自足"的追求，隆巴多进行了公然抨击，并把后者的行为看作一种"叛国"行为。

关于1956年的匈牙利革命，隆巴多写过很多相关的文章和演讲稿。他对这个问题的看法已编入《在匈牙利危机之前》（*Ante la Crisis de Hungria*）一书。隆巴多观点的实质是：匈牙利的叛乱，部分是由于匈牙利人民民主政府（Popular Democratic Government of Hungary）所犯的严重错误，部分是由于外国的帝国主义与匈牙利国内外右翼势力结盟后所煽动和组织的革命。尽管在发生叛乱前的两年，匈牙利政府就被警告过民众有强烈的不满，但非常错误的是，它没有迅速采取行动缓解真正的不满——例如对低工资的不满。右翼分子利用这次民众骚乱，在外国道义和物质的支持下组织了一场政变。这些右翼分子开始了起义。大多数人希望进行真正的、进步的改革，以帮助国家走向社会主义，工人的宣言证明了这一点。然而，右翼分子在起义中占了上风。他们可以指望得到为希特勒（Hitler）而战的1万名匈牙利法西斯军队的前军官（以及维护旧秩序的其他反动分子）的支持，这些人正等着这次返回匈牙利的机会。在这种情况下，匈牙利政府根据《华沙条约》（Warsaw Pact）的共同防御条款要求苏联提供援助。

隆巴多认为，匈牙利不是苏联的卫星国，所有其他东欧国家也都一样，苏联也不是帝国主义性质的。苏联希望其他国家自由地成为社会主义国家，并保持社会主义性质，因为社会主义是人类发展的一个较高级阶段，社会主义国家的增加有助于保障苏联的社会主义的安全。苏联不想回到"二战"前的状态，当时它被敌对的半封建国家所包围，这些国家被相邻的外国资本主义和帝国主义所支配。

隆巴多认为，除了苏联以外的民主国家都没有实现社会主义。它们都试图去实现社会主义，在这个过程中犯了很多错误。从封建主义到资本主义的过渡也花了一个半世纪的时间，其间充满了错误和战争。他坚持认为，重要的是要记住，这些国家正在朝一个更高的文明阶段不断发展。资本主义国家和本国反动派利用人民民主国家所遇到的困难和所犯的错误来恢复资本主义的企图是不会成功的，因为恢复资本主义违背这些国家人民的最大利益。历史是站在社会主义这一边的；最终，尽管有种种障碍，社会主义的胜利将无所不在。

隆巴多对中华人民共和国（People's Republic of China）社会主义制度的确立和建设给予了极大的关注。1949年（革命胜利后不久），隆巴多作为世界总工会（World Federation of Trade Unions）北京地区会议的代表访问了中国。这次旅行启发了他的两部作品：《新中国之行日记》（*Diario de Un Viaje a la China Nueva*）和《中国革命的胜利》（*Victoria de la*

▶▶ 托莱达诺：墨西哥马克思主义者

Revolución China），前者描述了他在中国、苏联和捷克斯洛伐克（Czechoslovakia）旅行时的观察，后者概述了中国近代史的进程，包括革命的发展和胜利。在对中国的评论方面，隆巴多发表了一篇对上述两部作品的基调进行总结的文章，他在《每日新闻》（Diario）中引用到："我向中国人民转达了以拉丁美洲工人联合会（Confederation of Latin American Workers）为代表的千百万工人的心声。现在，我要向这些工人传递来自中国工人和人民的心声：他们的社会主义革命和建设的信息。"

正如前面引文所指出的，隆巴多现在更多地谈到中国，而不是苏联，以此作为墨西哥的直接榜样。他认为，与现在高度工业化的苏联相比，欠发达的、以农业为主的中国的问题更接近墨西哥的现实。在1954年发表的一篇题为"中国土地改革与墨西哥土地改革间的异同"（La Reforma Agraria en China y en México, Semejanzas y Diferencias）的演讲中，隆巴多对中国的革命和土地改革的各个阶段进行了详细的分析。他没有建议墨西哥立即效仿中国的做法。相反，墨西哥应该致力于完成其宪法中所体现的土地改革方案。但是推论是明确的，如果墨西哥想要在未来取得真正的进步，就必须以中国为榜样，将彻底的土地改革与工业革命结合起来，作为社会主义建设计划的一部分。

隆巴多在1960年出版的著作《埃斯皮里图·胡玛诺之旅》（Causas de la Elevacion del Espiritu Humano）写得很好，其中记录了作者与中国公民在中国偏远地区进行的一系列虚构的对话。这本书是根据隆巴多在中国的经历写成的。隆巴多记录了他与中国各个社会阶层的代表们的对话，这些人的举止、习惯和思想观念随着中国革命所带来的社会和物质变革而发生了改变和发展。此外，还记录了与社会革命的青年领袖、工匠、农民和工业工人的口头交流。总而言之，它展示了正在革命的中国已经发生并将继续发生的巨大的物质、社会和心理上的变化的全貌。

隆巴多在中国看到的正在发生这些巨大变化的过程、改善的过程和提高人类尊严的过程，向他展示了人类无限进步的可能性，结束人对人的剥削的可能性，满足人类丰富的基本物质需求的可能性，以及人类各种潜力得到充分发挥的可能性。

据笔者所知，隆巴多从未公开评论过苏联和中国的政策中有争议的问题。然而，他在《永远!》（Siempre）上发表的一篇文章中间接提到了这些争议。1962 年 12 月，他说："领导社会主义国家前进的政党和政府之间围绕激励它们的原则和围绕（世界）重大问题展开辩论，例如关于和平的问题，例如关于所有的社会制度能否共存的问题，（尽管）有时对这些问题的辩论是激烈的，但对实现共同目标的指导思想和方法是明确的。"

当然，隆巴多是古巴革命的坚定捍卫者。古巴已经开始了第二次拉美革命。第一次是脱离西班牙的政治独立革命，第二次是脱离美国的经济独立革命。1961 年 4 月美国入侵古巴时，隆巴多发出了激动人心的呼吁，呼吁志愿者保卫古巴人民。隆巴多声称，古巴人民的斗争同墨西哥人民的斗争是一致的。他写道，如果美国成功入侵古巴，这将意味着墨西哥人民在继续其民主和反帝国主义革命的愿望上遭受了失败。这也将意味着，美帝国主义及其有关的势力能够统治本半球，并支配拉丁美洲各国的主要政策。

隆巴多指出，美国希望将从墨西哥对古巴革命的支持中分离出来：

> 美帝国主义和剥削弱势民族的其他力量知道，我们的国家是一个天堂，但对享有民族特权的少数人和北美的垄断集团来说，我们的社会向前发展中充满了日常矛盾和尚未解决的问题。与此同时，他们试图恭维我们说墨西哥是美国的典范。他们的赞扬没有任何目的，只是试图使我们同古巴正在发生的事情脱离关系，并使我们忽视本大陆人民的运动，即一场反对最原始和血腥的暴政的运动。（他们的赞扬）甚至企图使我们谴责人民的普遍示威运动，例如反对苦难、反对缺乏民主自由和反对将其国家的重大利益屈服于外国帝国主义的一切不服从和反叛的示威运动。

尽管隆巴多赞扬并坚定地支持古巴革命，但他并不主张墨西哥左翼分子采用与古巴革命者完全相同的方法。墨西哥的社会主义道路应该符合其自身的特殊情况。

隆巴多在 1960 年出版的学术著作《新纳粹主义的危险和特点》（*El Neonazismo*; *Sus Características y Peligros*）中对德意志联邦共和国（German Federal Republic）的新纳粹主义问题进行了详细的分析。作品共分三章，分别为:"从德国的民主资产阶级革命到德意志帝国主义""纳粹主义:其经济基础及其政治后果""纳粹主义在德意志联邦共和国的复兴与展望"。附录包括了25名"在希特勒的国防军中担任要职并参与危害欧洲国家罪行"的联邦国防军将军的姓名和简要传记;包括了19名联邦共和国外交部门中"在纳粹政府和国家社会主义党担任要职"的成员的姓名和简要传记;包括了"二战"期间在捷克斯洛伐克任职的62名西德法官的过去和现在的职务,以及其中30名法官在战犯名单上的编号。

该书的主要议题包括,德国的金融和工业资本主义的寡头政治是希特勒上台的主要原因,因为法西斯主义是"金融资本主义的独裁和构成帝国主义的社会哲学"。战后,资本主义的寡头政治再次在西德占据统治地位;在战争之前,帝国主义的扩张主义者存在类似的动机(以及类似的宣传和准备),因为这些扩张主义的动机源于资本主义的结构性问题。他认为,世界力量的联合不利于德国军国主义萌芽的复苏。防止德国新纳粹主义成功的因素包括,社会主义国家数量的增加和力量的增强,华沙条约组织的存在,德国分裂成东德与西德两部分,法国和意大利工人阶级力量的统一,世界上可供殖民剥削的地区的有限性,和对西德内工人阶级军备重整的反对等。德国问题的唯一真正解决方案是在德国人民自由选择的基础上建立两个德意志联邦。隆巴多暗示,这种统一只会在社会主义德国的基础上实现。

隆巴多还写过许多关于墨西哥以外的国家和国际问题的著作,包括《巴西革命》(*La Revolución del Brasil*)、《关于以色列的两次会议》(*Dos Conferencias sobre Israel*)和《在尤利西斯的海洋:西西里岛》(*En los Mares de Ulises: Sicilia*)。在这里简单地提一下最后一部作品就够了,因为它揭示了隆巴多兴趣的广度和知识的深度。这部作品是隆巴多为墨西哥评论《永远!》撰写的六篇文章的合集。1956年访问意大利期间,他出席了意大利总工会的第四次代表大会。其中五篇文章论述西西里岛(Sicily),一篇文章论述战后意大利发展的一般性问题。在前者中,隆巴多简要地描述了西西里岛的历史和古典背景,西西里岛的乡村及其发展,西西里岛古代希腊建筑遗迹的特点,西西里岛的土地改革以及流行的西西里岛诗歌。

通过这些文章,隆巴多展示了丰富的古典历史知识和文学知识。从这些知识和他对西西里经验的解释中，他得出了适用于墨西哥问题的推论。仅举一个例子：隆巴多在分析希腊建筑特点的基础上作了一个概括，其中暗含着帝国主义对墨西哥文化的非自然影响的警告：

> 景观（真正的建筑在功能上是相互关联的）既是地理的；也是历史的，特别是那些有着辉煌岁月的国家的建筑。根据历史发展所带来的变化，在形式上保持自己的（个性）并赋予它新的内容，就是拥有自己的、不混乱的建筑，而不是去打破人类最高表现形式的精髓——他们自己的文化。因为当一个民族的艺术表现出现不连续时，这个民族就不得不不断地重新开始它的历史，它的婴儿期就还在继续，有可能永远无法在个性和独立性方面达到成熟的风险。

隆巴多对20世纪30年代和第二次世界大战初期的法西斯主义的崛起所持的态度值得单独考虑。隆巴多从一开始就是法西斯主义的反对者。1934年1月15日，评论期刊《未来》（由隆巴多创办并指导）刊发，隆巴多注意到了希特勒的崛起，并因其不人道和反知识分子的活动对法西斯独裁者进行了猛烈抨击。然而，他似乎低估了希特勒的潜力。

隆巴多认为法西斯主义是资本主义的一种形式；法西斯国家与其他资本主义国家之间的冲突是帝国主义之间竞争的表现。然而，他清楚地认识到民主资本主义优于病态资本主义的优越性。在民主资本主义和法西斯资本主义之间，前者更可取：被剥削的大众可以利用其自由来准备其决定性的历史行动；在法西斯主义统治下，准备工作非常困难。在1937年的一次演讲中，隆巴多对法西斯主义的本质和后果作出了一个最明确的解释。他把法西斯主义描述为"资产阶级政权的武装暴力，它试图通过摧毁文明的积极成果来生存，把世界扔进国际战争的篝火，扔进历史上最残酷的暴政的野蛮之中"。他反对法西斯主义就是为墨西哥革命而战。

隆巴多强烈地批评西方资本主义国家对法西斯主义崛起的政策。他特别谴责英国和法国在国家政策中所表现出的优柔寡断和犹豫不决。1938年5月在挪威（Norway）奥斯陆（Oslo）举行的国际劳工联合会理事会（Council of the International Labor Federation）的会议上，隆巴多利用自己作为墨西哥劳工联合会的代表的机会,在会议上批评了西欧各国政府的在行动上的摇摆不定,并号召欧洲工人要求他们的政府采取行动阻止法西斯主义在德国和意大利的发展。他谴责在面对希特勒的威胁时,主导法国和英国的统治者的"较小罪恶"(lesser evil)理论,称其"不仅是一种自杀理论,而且是一种违背人类利益的理论"。同年6月,隆巴多在日内瓦举行的国际劳工组织的聚会上重申了他的批评。

慕尼黑会议上对捷克斯洛伐克的背叛引发了《未来》的特别版。这一版连同下一期的定期评论提出了这样一个主题,即战争将是慕尼黑让步的结果。德国入侵波兰(Poland)后不久,受隆巴多影响的《大众报》(*El Popular*)宣称,"我们不能采取虚假的、虚伪的或懦弱的中立态度……"

苏德互不侵犯条约的签署,使隆巴多的态度发生了与苏联的新姿态相适应的变化。他的立场仍然是反法西斯的和亲盟军的。然而,他没有敦促对轴心国(Axis powers)进行共同的和有力的反对,而是宣布,对那些没有直接参与战斗的国家来说,中立是适当的行动方针。根据隆巴多的说法,同盟国对苏联回归中立负有责任。法国和英国的反动政府优柔寡断,助长了德国和意大利的侵略。此外,张伯伦(Chamberlain)和达拉第尔(Daladier)希望把德国和日本的侵略矛头转向苏联。另外,苏联为了反对法西斯的扩张主义,在欧洲坚定地、不断地企图建立一种集体安全制度。面对其努力的失败以及英法两国代表的反苏策略,苏联认为作为自卫的一项措施,自己被迫与德国签署条约。法国和英国获得了它们自己种下的不团结的恶果。当时的冲突不过是帝国主义内部为重新划分世界而斗争的一种好战表现。因此,它在性质上与第一次世界大战相似——尽管第二次世界大战具有"前者所没有的极为复杂的特点"。

从1940年到1941年早期,隆巴多一直把这场战争看作帝国主义内部的竞争——尽管他总是站在一个强力反轴心国和亲同盟国的立场上。他坚持认为,作为一个半殖民地国家,墨西哥必须在这场争斗中保持冷静。他的态度可以用1940年5月21日在墨西哥城美术宫(Mexico City's Palace of Fine Arts)举行的墨西哥官方政党墨西哥革命党大会上的发言来概括:

> 墨西哥的劳工运动充分意识到自身的历史使命,充分意识到它作为世界无产阶级组成部分的责任,它现在和将来永远是一支反法西斯主义的战斗力量。但是,劳工也将是一种反对维护资本主义帝国主义特权和西欧虚假民主的力量,这种民主只有在形式上才能同意大利的法西斯主义或德国的纳粹主义区别开来。
>
> 谁要对这次大屠杀事件负责?是谁?两类人:资产阶级政权,以及那些与这个政权有联系的、拥护和谅解这个政权的人,都要为这场战争负责。两股资本主义势力再次试图瓜分地球(对冲突负有同等责任)……

他认为,墨西哥工人希望在欧洲建立一个代表人民而不是资产阶级的民主秩序——这一秩序将保证和平、人权和人类进步,并将结束殖民主义。

接下来的一个月,拉丁美洲工人联合会的第一次执行委员会会议(隆巴多是主席)通过了一项决议,宣布在某种程度上,"拉丁美洲工人把目前的战争和1914年的战争当作是一样的,本质上是两个主要的资本主义国家集团之间争取经济和政治的统治地位的斗争。这场斗争的问题不是工人们要关心的。他们没有挑起这场危机,他们是遭受危机的唯一受害人"。

隆巴多充分地认识到,德国和苏联之间开战只是时间问题。在他看来,苏联在芬兰(Finland)、波兰(Poland)、波罗的海国家(the Baltic nations)和罗马尼亚(Rumania)的行动是为迎接与德国间不可避免的战争做准备。然而,他表示希望在1940年至1941年的冬季发生人民起义,这将会结束战争。

从近年来的经验来看,至少有一件事是肯定的:"从来没有路线像目前那样清晰明确:工人群众为生产资料的集体化而进行的斗争之路,为了争取掌控自己命运的权利而进行的斗争之路,为了走向社会主义的斗争之路。"

1941年年初,《未来》的社论称赞罗斯福坚定的亲盟军立场,并表示希望美国能参战。但是有人对联盟阵营内的帝国主义利益表示关切。社论声称,由于这场战争本质上只是一场帝国主义内部的斗争,墨西哥的立场必须保持中立和坚持捍卫其国家主权的立场。

1941年6月德国对苏联发动进攻前不久，隆巴多在墨西哥劳工联合会全国委员会上发表了讲话，建议在全欧洲大陆组织一场反法西斯和反帝国主义的民主运动。袭击发生后，隆巴多冲向苏联进行支持的同时，积极地追求自己的理想。隆巴多的立场在他1941年7月14日的一次讲话中得到了充分的概括。1941年7月14日，在墨西哥城的墨西哥竞技场（Arena México）举行了一场由墨西哥劳工联合会召集的大型会议。

隆巴多认为，目前的战争，正如第一次世界大战一样，是帝国主义之间竞争的结果。纳粹德国的侵略不过是资本主义帝国主义扩张主义的一种形式。20世纪30年代，世界上的资产阶级被分成两派：一派试图维持19世纪资本主义的自由体制；另一派则试图与希特勒和墨索里尼（Mussolini）达成谅解，以便建立类似的独裁政权。几个资本主义政权试图安抚希特勒，使他完全反对苏联，但都以失败告终。

1941年德国入侵苏联后，由于苏联是一个非帝国主义的社会主义国家，战争不再只是帝国主义内部间的斗争。世界人民的力量得到了一个机会，即从战争的混乱中创造一个真正民主世界的机会。隆巴多认为，这场战争不是阶级战争，也不是社会主义和资本主义之间的战争。相反，这是一场"与历史上最残暴的暴政间的斗争"——一场文明与野蛮之间的斗争。因此，墨西哥人民应该立即加入反对轴心国的斗争队伍。

墨西哥参与反法西斯斗争并不意味着墨西哥人民应该忘记发展墨西哥革命或实现墨西哥工人的直接目标。这也不意味着墨西哥的国家利益会被牺牲给其中一个盟国的帝国主义阴谋："结果将是矛盾的，如果所有与共同敌人作战的盟国中的一个落入（另一个盟国）手中，甚至可能在共同的敌人被击败之前。设想这种可能性是荒谬的；同样地，不可能承认的是，反法西斯主义斗争应该意味着帝国主义在资本主义国家中对半殖民地国家主权的扩张。"

隆巴多的战争立场发生了变化。这场战争是反对法西斯主义野蛮行径的人民的战争；所有的力量都应该用于帮助盟国打赢这场战争。1941年夏天，他的立场与苏德条约签订之前的态度更为相似。在战争剩下的时间里，他的立场一直如此。

作为拉丁美洲工人联合会的主席，隆巴多对12个拉美国家进行了巡回演讲，以争取他们对反法西斯统一战线的支持。中立已成为过去。在 1942 年 1 月的一次演讲中，隆巴多说："只有两条路：反对希特勒和他的盟友，或者支持希特勒和他的盟友。想要中立是荒谬的，而且这些中立国只不过是有些愤世嫉俗和懦弱，他们会受到法西斯的伏击。"此后不久，他呼吁墨西哥总统阿维拉·卡马乔向德国宣战。

隆巴多在几次演讲中都清楚地表明了他对苏联的立场。他认为苏联政权和红军把人类从法西斯主义手中拯救了出来。所有人都必须保卫苏联——"保卫消灭法西斯主义的唯一力量就是保卫我们自己，并保证在未来取得新的和不断进步的可能性。"他还提道："想想吧，墨西哥的同志们，希特勒对苏联的胜利意味着什么。世界上的工人阶级还得再等多少年才能取得失去的自由，并有可能争取到更大的自由。"

隆巴多战时演讲的主题是同盟国内部和各国之间团结起来反对共同的轴心国敌人。因此，隆巴多强调美国和拉丁美洲之间需要团结。但是，他并没有停止批评或警告美帝国主义。这一点是值得强调的，因为一些作家给人的印象是，在强调合作时，隆巴多机会主义地突然放弃了战前对美帝国主义的批评。

在 1942 年 1 月的一次演讲中，隆巴多说墨西哥必须与美国联合起来反对法西斯主义。必须反对右翼分子试图从帝国主义问题出发，将拉丁美洲与美国分裂开来。他接着指责美帝国主义是"我们取得独立、内部自由和进步的永久敌人"，但他补充说，尽管如此，拉丁美洲的人民必须与美国团结起来反对法西斯主义，因为法西斯主义是"所有帝国主义中最凶猛的"。

在 1942 年提交给第二次美洲农业会议（Second Inter-American Agricultural Conference）的一份报告中，隆巴多建议拉丁美洲为战争提供全面的经济支持。与此同时，他谈到通过用一种国家控制对外贸易和价格的制度来取代几个大的私营公司对拉丁美洲对外贸易控制的大陆体系，从而为拉丁美洲的经济发展提供坚实的基础。他强调指出，过去拉丁美洲的发展受到外国（包括美国）帝国主义对良好原材料的需求的制约。他认为，未来的发展必须以拉丁美洲自身的需要为条件。

在同年出版的英文著作《美国和墨西哥：两个国家同一个理想》（*The United States and Mexico: Two Nations-One Ideal*）中，隆巴多继续强调美洲国家之间的团结和击败右翼分裂的企图。他强调了共同的理想和半球关系的积极方面。但与此同时，他指出了过去和现在的美国同拉丁美洲关系的消极方面。然而，这些消极的行动和政策并不是美国人民的错，而是少数帝国主义美国垄断者的责任。他表示希望战后"美洲半球经济"能够摆脱美帝国主义的统治，能够在美洲各国政府的规划与合作的基础上发展。为了促进自由、进步和自决权，所有人必须继续团结起来。

最后一个例子是 1943 年 7 月 4 日，隆巴多在埃尔帕索（El Paso）的自由大厅发表演讲时，继续强调美国和拉丁美洲在反对法西斯帝国主义的自由和民主的斗争中团结一致的主题。但他批评美帝国主义，认为美国经济发展迅速，而拉丁美洲"发展停滞，经济结构畸形，命运的实现被北美少数大金融家、实业家和商人的工作所阻挠"。不过，他指出，"在拉丁美洲，没有人是美国或北美的人民的敌人。另一方面，各国人民都是帝国主义的敌人。"在演讲接近尾声时，隆巴多预言拉丁美洲无产阶级的战后政策："如果《大西洋宪章》（*Atlantic Charter*）得到忠实履行，如果我们各国人民的民族解放得到允许和促进，拉丁美洲将和平地遵循与战争期间完全相同的行为。相反，如果这种妥协不能得以实现，无产阶级将为这些人民的民族解放而斗争。"

正如本章开头所暗示的，隆巴多始终如一地不断地强调世界和平这个主题。"我们时代的重大问题是避免一场新的世界大战。（我们必须）为全面裁军而战，为不同的社会生活制度的和平共处而战，为尊重每个人都必须能选择自己所喜欢的政府形式的权利而战。"

隆巴多说，墨西哥对和平有着特殊的兴趣。如果未来发生战争，美国将在欧洲、亚洲和非洲战败；因此，它将完全受美帝国主义的支配。作为美国军事基地，国家领土将失去完整主权，部分墨西哥人民将"成为与我们的历史、目前的利益和未来完全不相干的事业的炮灰"。

隆巴多认为，苏联与其他社会主义国家一道，是抵御战争的最大堡垒。苏联需要和平以谋求内部发展。社会主义消除了导致战争的严酷的经济、社会和政治矛盾。通过不断调整社会关系，苏联在发展中保持了生产力和社会生产关系之间的一种在掌控范围内的平衡。因此，社会结构中极端的、不协调的矛盾会产生对外扩张的冲动，而苏联防止了自身社会出现这种矛盾，以此作为真正和解这种矛盾的替代方案。这种解决结构性问题的现实办法是可行的，因为他认为，苏联的社会阶层间不存在利益和目标的对立，因此解决重大社会问题的办法也不存在对立。有计划、有控制的社会发展是可能的。

另外，隆巴多指出，资本主义、帝国主义国家由于资本主义生产方式中固有的尚未解决的矛盾而走向战争和扩张主义。这些矛盾产生于生产力的发展与资本主义社会生产关系间的对立；或者换句话说，社会生产和社会劳动产品的私人占有之间的对立。随之而来的是社会阶级冲突和政治动荡。战争是为了避免生产资料、交换资料和分配资料的社会化所带来的不可避免的矛盾的解决办法。因此，为了备战，西方国家正在武装自己，并正在建立各种侵略性的军事集团，如北约和东南亚条约组织（SEATO）。

然而，隆巴多指出，战争并非不可避免。列宁的格言是，只要帝国主义存在，战争就是不可避免的。但是现在的情况已经发生改变。现在，世界力量的相互关系有利于社会主义与和平。社会主义国家不仅是争取和平的，世界上绝大多数人也是争取和平的。迄今为止，正是这些争取和平的力量阻止了另一场世界大战。和平可以在未来得到维护。全世界人民一定热烈地追求和平。

第七章 劳工领袖时期
（1933—1962年）

隆巴多的马克思主义思想使他更加重视自己在劳工内部的活动，致力于组建一个独立于国家控制的、组织程序民主的、政治方向革命的、与阶级敌人进行斗争的单一的劳工联盟。此外，隆巴多还努力促进世界工人的国际团结。同其他马克思主义社会主义者一样，隆巴多寻求劳工运动的统一，因为这种统一与由工人阶级、小资产阶级和民族资产阶级共同组成的统一战线是取得政治权力不可缺少的要素。工人阶级一旦掌握了国家政权，就会着手建设社会主义。

1933年10月，墨西哥工人和农民总联合会的成立，表明在统一劳工和激发墨西哥工人产生阶级斗争的意识方面取得了重大进展。墨西哥工人和农民总联合会主要关心三大问题：阶级斗争、联邦民主和脱离国家控制的独立。全国大多数工会都与新成立的全国劳工中心有联系。

以维森特·隆巴多·托莱达诺为首的墨西哥工人和农民总联合会组织了罢工、停工、抗议、联合抵制和公众集会，以实现其统一行动、进行阶级斗争和改善工人生活条件的目标。普遍恶劣的经济状况和20世纪30年代初革命性改革实际上的停止让工人心生不满，这种不满使工人的战斗力得到增强。1933年，发生了13次罢工；1934年，发生了202次罢工，有14685名工人参与其中；1935年，发生了642次罢工，有11454212名工人参与其中。1935年春天发生的罢工运动（由墨西哥工人和农民总联合会与非总联合会的组织共同指导）——墨西哥历史上最大的一波罢工浪潮——对一些大公司产生了影响，如加拿大的墨西哥电车有限公司（Mexican Tramways Company, Ltd.）、标准石油的子公司（subsidiary of Standard Oil）、华斯特卡石油公司（Huasteca Petroleum Company）、美国电话电报公司（AT&T）下的墨西哥电话和电报公司和许多矿业公司。

拉萨罗·卡德纳斯1934年当选总统，他很早就表现出了重新启动革命性改革计划的强烈愿望。然而，自1924年以来，他一直遭到墨西哥政治强人、前总统普鲁塔科·埃利亚斯·卡列斯的反对。为了控制卡德纳斯和墨西哥，1935年6月12日卡列斯（他拥有墨西哥电话电报公司的股份）在一份声明中宣称这次罢工浪潮具有颠覆性，他将罢工归咎于隆巴多·托莱达诺和其他劳工领袖的个人野心，并间接地威胁要推翻卡德纳斯，因为他拥有前总统帕斯夸尔·奥尔蒂斯·卢比奥（Pascual Ortíz Rubio）（1930年2月5日—1932年9月4日）的支持。

卡德纳斯立即发表了支持工人的演讲，他宣称："我在此声明，我对工人组织和农民组织充满信心，我相信他们会知道如何以有节制的爱国主义方式捍卫他们的合法利益。"

作为墨西哥工人和农民总联合会的负责人，隆巴多有组织地号召劳工支持总统。隆巴多以其工会的名义，发出呼吁，要求墨西哥所有工人组织的代表聚集在一起，组织起来捍卫工人阶级的利益。通过这次聚会，成立了全国无产阶级防卫委员会（National Committee for Proletarian Defense）。除少数受到墨西哥共产党控制的工会外，墨西哥的大多数工会都加入该委员会。委员会发表了一项联合协议，内容如下：

>墨西哥的劳工和农民运动组织抗议卡列斯将军的声明，并宣布它将捍卫工人的权利，这些权利是通过其努力获得的，如不受限制的罢工、工会结社等；它不会停止为改善工薪阶层的经济状况和社会状况而进行战斗。
>
>卡列斯抨击的罢工运动之所以会发生是因为社会集体的不安和社会的不公正状态。只有那些代表资本主义利益的人才能忽视这种现象。
>
>只有在我们所生活的资产阶级制度的变革已经实现的时候，罢

工才会结束。

  有组织的墨西哥劳工和农民运动，完全意识到自身所处的历史时刻，它宣称将反对一切侵犯其权利的行为，如果有必要，将以全国性的全面罢工作为唯一的手段防止法西斯政权进入墨西哥的可能。面对法西斯政权的威胁，委员会宣布维持其阶级团结的打算。

在一系列事件（包括炸弹轰炸隆巴多的家）发生后，卡列斯于1936年4月被迫离开墨西哥。

  与此同时，隆巴多一直在推动组建新的全国劳工联合会。与反对者的意见相反，隆巴多首先强调，新组建的组织必须有统一的主题。因此，无论其意识形态或宗教倾向如何，所有工会都应成为其成员。同样，所有政治倾向都应该在国家发展方向上体现出来。

  在1936年2月26日至29日期间，墨西哥劳工联合会组织召开了一个成立大会；隆巴多当选为秘书长，任期五年。墨西哥工人和农民总联合会放弃了其独立的身份，并入墨西哥劳工联合会。由隆巴多牵头组建的墨西哥劳工联合会的性质可以从其章程中看出：

  墨西哥无产阶级从根本上将为彻底废除资本主义政权而斗争。然而，考虑到墨西哥被纳入了帝国主义的势力范围，它必须首先实现第一个目的，即首先实现该国的政治解放和经济解放，这是必不可少的。

  墨西哥无产阶级将通过重申和加强与世界所有工人的团结，进行有组织的、有系统的斗争，直到消除妨碍实现其目标的一切障碍。

  墨西哥无产阶级也将为实现下文所列举的一切眼前的利益而积极斗争，一刻也不忘记这些利益不应使它偏离其根本目的……

  墨西哥无产阶级认识到工人和农民运动以及社会主义斗争的国际性。由此，在与地球上其他国家的劳工运动建立最密切关系的同时，在努力发展最充分的和最有效的国际团结的同时，它将尽其所能实现有组织的无产阶级运动的国际性统一……

  墨西哥无产阶级将不惜一切代价保持其意识形态和组织的独立性，使其最终的目标能够在整个阶级独立的情况下和在不受外国监

第七章 劳工领袖时期（1933—1962年）

护与影响的情况下实现……

墨西哥劳工联合会的座右铭是：

"为了一个不存在阶级的社会而奋斗。"

墨西哥的大多数工会都加入了新成立的墨西哥劳工联合会，但是有两个较小的全国性工会和几个地区性工会与它仍然没有隶属关系，这两个全国性工会分别是墨西哥工人地方联合会和工人总联合会（Confederación General de Trabajadores）。在墨西哥劳工联合会的鼎盛时期，它声称拥有100多万名会员；然而，其他人认为这个数字是50万名或者更少。

在墨西哥劳工联合会成立后不久，分裂势力就对其构成了威胁。当时，墨西哥共产党试图完全控制该组织的努力失败后，让其成员撤出了该工会。在厄尔·布劳德（Earl Browde）和美国共产党（American Communist Party）的帮助下，这种分裂很快就得到了弥合。但是，隆巴多声称，已经造成了永久性的损害，因为共产党人没有重新获得他们以前在全国委员会中所担任的三个职位。政治温和派在当时所持有的立场，在很大程度上不利于墨西哥劳工联合会在未来所持有的意识形态方向是社会主义的。

隆巴多根据墨西哥劳工联合会章程所载的原则和他个人的马克思主义信念，力图把墨西哥劳工联合会引向三条道路：（1）团结劳工内部，使劳工能够更有效地为其眼前的和长远的目标而斗争；（2）团结劳工与农民、中产阶级和其他的进步力量，形成广泛的人民统一战线，推动墨西哥的革命；（3）团结国际上的反法西斯主义、反帝国主义以及争取和平的力量。墨西哥劳工联合会同卡德纳斯政府一道，成为促进革命进步的积极力量和主要力量。与此同时，它设法不受政府控制。

对于农村和城市的劳工来说，墨西哥劳工联合会为他们取得了一系列的胜利。总的来说，在与资本家和地主的斗争中，墨西哥劳工联合会得到了卡德纳斯政府的支持。在农业方面，取得了一些最重要的初步胜利。1934—1936年，在隆巴多的领导下，墨西哥工人和农民总联合会集中力量把农村劳动力组织起来，特别是糖、棉花和龙舌兰制造中的工人。在隆巴多的领导下，墨西哥劳工联合会继续执行这一政策。它把庄园的工人组织起来，强迫农场主承认工会并与其打交道。然后，它协助工人准备要求政府划分土地（最好是以大型合作社的形式）的请愿书。在这块土地被划分之后，墨西哥劳工联合会试图确保土地的新用户获得金融信贷，确保村社运作普遍采用民主程序，确保官僚对村社银行的控制受到限制。

第一次主要由墨西哥劳工联合会领导的农业罢工，发生在位于科阿韦拉州的托雷翁周围的拉古纳地区。该地区的土地所有者拒绝集体谈判或满足工人的任何要求。隆巴多前往托雷翁指导谈判。这些土地所有者们态度坚决，所以1936年8月19日开始了罢工。根据隆巴多的说法，这些土地所有者们不仅拒绝讨论集体劳动合同的要求，而且甚至嘲笑政府试图实施的《土地法典》。他们声称，如果土地被划分，政府会在一年内要求前土地所有者主收回土地，因为农业工人将无法耕种这些土地。简而言之，根据隆巴多的说法，他们的态度是"带有挑衅性和侵略性的"。隆巴多通过电话向卡德纳斯总统报告了土地所有者的立场；卡德纳斯邀请隆巴多前往墨西哥城。在与卡德纳斯的一次私人会谈中，隆巴多在回应总统的询问时强调，工人们更喜欢土地分割，而不是集体劳动合同。

卡德纳斯总统和劳工部支持罢工。当土地所有者们试图引进罢工破坏者，并成立武装"白人警卫"团体对工人使用武力时，联邦政府听从了墨西哥劳工联合会的要求，派遣联邦军队进入该地区维持秩序，并解除了"白人警卫"的武装。1936年11月，政府开始征收和重新分配拉古纳地区的土地。在墨西哥历史上，《土地法典》（以前只适用于对农村社区的利益分配）第一次被用来为农业雇工谋福利。此外，卡德纳斯深信生产者和消费者间的合作社是缓解墨西哥的经济问题和社会问题的一种手段，他听取了隆巴多和墨西哥劳工联合会的意愿：墨西哥成立了第一个农业合作社。这样，未来许多的征用模式和重组模式就建立起来了。毫无疑问，对拉古纳地区土地的划分明显是卡德纳斯政府所采取的最具有超越性和伟大革命性的举措。

1936年2月（也就是墨西哥劳工联合会成立的同月），在新莱昂州（Nuevo León）蒙特雷市（Monterrey）的一家玻璃工厂，即蒙特雷玻璃公司（Vidriera de Monterrey, S. A.），发生了一场重大的劳工危机，工人们举行了罢工。隆巴多发表讲话支持这些罢工者，劳工的组织者和煽动者在该市的其他制造业中心也很活跃。对此,蒙特雷市的企业主们作出了全面封锁的回应。骚乱的程度致使卡德纳斯总统前往蒙特雷亲自介入争端。他发表了著名的"十四点",支持把劳工组织统一起来,进行劳资问题的集体谈判,并警告企业主们不要采取可能导致武装冲突的行动。"全国各地的雇主阶层都感受到了一股有组织的团结的力量,这个组织的领导者是有能力的而且无疑是诚实的。"

1936年夏天,墨西哥劳工联合会成功地指挥了一场针对强大的墨西哥电力公司(Compañía Mexicana de Luz y Fuerza Motriz, S. A.)(Mexican Light and Power Company)的罢工。除其他事项外,工人们还要求有奖金和在公司董事会有工人代表的席位。整个墨西哥城地区的商业活动和其他活动瘫痪了8天。隆巴多组织了一场得到全墨西哥工人支持的反对外国企业的运动;他采取了不同寻常的步骤,向墨西哥城的外国居民召开会议解释了罢工的性质。工人得到了政府的支持,罢工的胜利是彻底的。

墨西哥劳工联合会在实现全国铁路的全面国有化方面发挥了重要作用。铁路工人于1936年3月举行罢工。然而,当联邦调解仲裁委员会(Federal Board of Conciliation and Arbitration)宣布罢工非法时,工人们立即恢复了他们的工作。反过来,政府则负责满足工人们的经济要求。次年,政府国有化了全国大部分铁路,随后将其管理权移交给工人,直到1940年政府才恢复了对铁路的管理。

在墨西哥劳工联合会成立的前五年里,它的许多其他罢工也都取得了胜利。重大胜利主要在糖业、纺织业[特别是在奥里萨巴地区(Orizaba region)]、丝绸行业、橡胶工业,公共服务。农业领域的重大胜利主要是在墨西卡利山谷(Mexicali Valley)、雅基河谷(Yaqui River Valley)和尤卡坦半岛(Yucatán)的塔巴斯科州(Tabasco)[如标准水果公司(Standard Fruit Company)]。在运输业、采矿业、制糖业、渔业、航运业、印刷业和其他行业中,组织了数百个由工人经营管理和利润分享的合作社。

在劳工的组织方面取得了大胜利。在隆巴多和墨西哥劳工联合会的帮助下,全国的教师第一次被组织成一个单一的、全国性的工会。新工会的计划反映了其前身的激进主义。此外,隆巴多还帮助实现了联邦政府雇员的工会化。卡德纳斯阻止了新工会加入墨西哥劳工联合会;然而,两个组织的领导人经常就重要决定进行磋商。

隆巴多和墨西哥劳工联合会的最大胜利发生在由两家外国公司主导的石油行业，即标准石油公司和荷兰皇家壳牌公司（Royal Dutch Shell）。1937年5月，石油工人举行罢工，寻求一系列经济和组织变革。按照以前的计划，工人们取消了罢工，并根据墨西哥法律，向联邦调解仲裁委员会提出申诉。12月，后者作出了一项有利于石油工人要求的决定。石油公司向墨西哥最高法院提出上诉。1938年2月22日，在一场给墨西哥劳工联合会的演讲中，隆巴多预言事件在未来的发展趋势："同志们，在未来由政府和墨西哥工人的代表取代外国石油公司生产石油的那一刻，不可避免地将会到来。我们已经准备好并愿意承担起一个自由的国家应尽的技术、经济、法律、道德和历史等方面的责任。"

隆巴多继续以非常准确的方式预测，一旦这些外国石油公司被取代，他们将会通过阻碍墨西哥石油的国际销售从而导致墨西哥经济陷入严重的困难。与此同时，我们国内的敌人将利用这种情况来寻求权力和破坏革命，如萨蒂诺·西迪洛将军（General Saturnino Cedillo）、圣路易斯波多西州长（governor of San Luís Potosí）。

1938年3月1日，最高法院维持了联邦调解仲裁委员会的裁决。石油公司拒绝接受这一裁决，并因此指责法庭是隆巴多的工具。

隆巴多立即作出了回应。作为墨西哥劳工联合会的秘书长，他向所有的国家联合会、州联合会和国家工会发出了一项请求，要求所有人停工和公开示威，以支持石油工人和卡德纳斯政府。这次罢工运动于3月23日10点开始。隆巴多以官方身份在同一天又发出了三条消息。其中一条消息是指示石油工人工会（Oil Workers Union）团结一致；另一条（由墨西哥劳工联合会全国委员会成员签署）是给墨西哥各报社的，要求忘记意识形态上和政治上的分歧，所有人团结起来，支持政府和国家"捍卫自己的民族"；第三条消息是以电报的形式发往"世界劳工中心"，概述了这次争端的来龙去脉，并要求为墨西哥人民"捍卫民主和人类自由"的斗争提供道义上的支持。

3月16日，墨西哥劳工联合会的全国委员会和石油工人工会的执行委员会举行了一次扩大会议，他们决定在第二天向联邦理事会和仲裁委员会提出书面请求，要求取消石油工业的劳工合同。对于因取消合同而在法律上产生的应由工人支付的赔偿金,他们也要求由石油公司支付。目标是实现石油工业的国有化。墨西哥劳工联合会继续筹备第23次示威活动,一些工会则给卡德纳斯总统发送电报表示支持,因为他可能会遭到石油公司和外国政府的反对。

3月17日,取消劳动合同的要求被提交给联邦委员会。墨西哥劳工联合会的全国委员向卡德纳斯总统、国会成员、最高法院成员以及政府的其他成员发出了参加第23次示威的邀请。与此同时,它还向一些政治和民众组织,如全国农民联合会(National Peasant Confederation)和墨西哥共产党,发出了类似的邀请。最后,墨西哥劳工联合会要求在示威期间停止在墨西哥城的所有商业活动。同一天,产业工会联合会(Congress of Industrial Organizations, CIO)主席约翰·刘易斯(John L. Lewis)也发来消息表示支持。

3月18日,联邦委员会通知石油工人,他们的合同将被取消。石油工人立即告知卡德纳斯总统他们将于3月19日上午12时01分停止工作。同日,墨西哥劳工联合会的全国委员会向墨西哥各雇主协会发出通知,要求他们支持即将举行的示威活动。下午7点,卡德纳斯与他的政府主要成员举行了一次会议。此后不久,卡德纳斯总统宣布没收和国有化石油工业。

当晚,隆巴多发表了一份声明,并在第二天早上以黑体字印在《环球报》(*El Universa*)的首页:

> 共和国总统向墨西哥人民发表声明征收石油工业,这一举动是超凡的,当时出席的所有人都同意和肯定该声明,表明国家具有独立的经济行为与1821年墨西哥的政治独立行动一样具有十分重大的意义。
>
> 经过一个多世纪的政治革命,辩证地产生了经济革命。
>
> 今天,墨西哥开始深刻地认识到其伟大的历史命运。

3月19日,墨西哥劳工联合会的全国委员会发表正式声明,支持对石油工业的征收。它审查争议并证明工人在任何时候都合法地行事。该委员会最后宣布,定于3月23日举行的示威活动不仅仅是对政府的支持,也是一项举国欢庆的活动。

1938年3月23日，示威活动按计划于进行。这是墨西哥城有史以来最大规模的示威活动。

隆巴多的预言成真：征收的结果是，因为被征收的石油公司的报复策略和反革命的动乱，墨西哥遭受了经济困难。在那些困难的日子里，由墨西哥劳工联合会的全国委员会领导的有组织的劳工是卡德纳斯政府的主要堡垒。

对政府的重要支持是把国民革命党（Partido Nacional Revolucionario, PNR）改组为代表人民统一战线的政党墨西哥革命党。根据墨西哥劳工联合会的决议，隆巴多在1937年向国民革命党、墨西哥农民联盟（Mexican Peasant Confederation）和墨西哥共产党发出了建立人民统一战线的呼吁。大家都接受了邀请，但是这个统一战线并没有成立。这次失败的部分原因是公众对隆巴多左翼主义的批评的反应，这些批评得到了利昂·托洛茨基（Leon Trotsky）（他于1937年抵达墨西哥）及其追随者的支持和怂恿，部分原因是卡德纳斯总统采取的措施。虽然卡德纳斯在1937年12月接受了墨西哥劳工联合会的提议，但他还是呼吁成立一个新的、正式的人民统一战线来取代国民革命党。隆巴多在对墨西哥劳工联合会的长篇讲话中，积极热情地支持该提议。他解释说，为了保护革命不受内外敌人的阻挠和破坏，建立墨西哥人民力量的统一战线是必要的。1938年年初，由劳工、农民、军队和"民众"（成员是多样化的但主要是中产阶级）组成的新政党成立了。从1938年到1940年的艰难岁月里，它为卡德纳斯政府提供了良好的服务。

对于托洛茨基出现在墨西哥，隆巴多和墨西哥劳工联合会进行了强烈的抗议。托洛茨基批评了人民统一战线的思想，抨击隆巴多是莫斯科的有偿代理人，是墨西哥劳工利益的叛徒。这些指控在隆巴多的右翼敌人中也很常见。它们从未得到证实，隆巴多也从未被证明是墨西哥共产党的成员。

作为对革命的一项贡献，墨西哥劳工联合会召开了经济大会，目的是提出一个发展墨西哥经济的计划，这一计划建立在完成国家土地改革和实现工业化而不受外国支配的基础上。这个计划从未得到完全实现。

在西班牙内战中，隆巴多和墨西哥劳工联合会率先支持西班牙共和国（Spanish Republic）。为此，隆巴多发表了演讲，举行了示威活动，筹集了资金。他说，他一生中从未见过西班牙国旗在墨西哥公开飘扬，但在1936年的一次示威活动中，在墨西哥人民的赞同和掌声中，他携带了一面西班牙国旗。根据卡德纳斯总统的建议，墨西哥劳工联合会主办了"世界上第一次"反战争和反法西斯主义的国际大会。

根据其促进工人阶级运动的国际团结的原则，墨西哥劳工联合会于1936年7月加入阿姆斯特丹国际工会联合会（International Federation of Trade Unions, Amsterdam）。然而，隆巴多并不满足于这一行动。早在1933年，隆巴多就以墨西哥工人和农民总联合会秘书长的身份提议召开一次大会，以建立一个统一的拉丁美洲劳工组织。1936年1月，在智利（Chile）的圣地亚哥（Santiago）举行的第一次美洲劳工大会（First-American Labor Conference）上，他也表达了类似的愿望。他声称，无论这次代表大会的结果是什么，"对工人阶级来说，最重要的问题不是社会立法，而是其有效而紧迫的统一问题"。这次代表大会使墨西哥劳工联合会通过了一项决议，指示其全国委员会在将来组织召开一次代表大会把拉丁美洲工人统一为一个单一的组织。1938年9月，隆巴多召开了这样的代表大会。

来自13个拉丁美洲国家的工人联合会的代表出席了这次大会：阿根廷（Argentina）、玻利维亚（Bolivia）、智利（Chile）、哥伦比亚（Colombia）、哥斯达黎加（Costa Rica）、古巴（Cuba）、厄瓜多尔（Ecuador）、墨西哥（Mexico）、尼加拉瓜（Nicaragua）、巴拉圭（Paraguay）、秘鲁（Peru）、乌拉圭（Uruguay）和委内瑞拉（Venezuela）。观察员代表包括法国总工会（Confédération Générale du Travail, CGT）主席莱昂·朱胡克斯（Leon Jouhaux）、西班牙劳工领袖兼司法和公共教育部长拉蒙·冈萨雷斯·佩纳（Ramon Gonzalez Pena）、美国产业工会联合会主席约翰·刘易斯。大会成立了拉丁美洲工人联合会，隆巴多当选为主席。最初的成员很宽泛，包括共产党和非共产党控制的工会成员。

拉丁美洲工人联合会的《原则性宣言》（Declaration of Principles）主张，为了促进社会正义，必须改变在世界大部分国家普遍存在的社会制度。必须建立一种制度，它将结束对人类的剥削，并为政治民主、国家经济和政治自决以及非战争手段作为解决争端的手段作出规定。拉美工人的主要任务是实现各自民族的完全独立，消灭半封建残余，为拉美人民的进步提供条件。拉丁美洲工人的最低权利被明确规定，其中包括组织、罢工和集体谈判的权利。法西斯主义受到谴责。达到这些目的的主要手段反映了隆巴多战术战略的主要主题，即

> 拉丁美洲的知识分子和体力劳动者……宣称，为了实现社会正义的理想，迫切需要在每个国家实现工人阶级的团结，（实现）世界各地区和各大陆的工人的永久的、坚不可摧的联盟……为了实现真正的国际团结，要（获得）世界上所有工人明确的和坚定的理解。

拉丁美洲工人联合会的管理工作由中央委员会和全体大会代表（General Congress）负责。前者由一名主席、两名副主席、一名秘书长和两名区域秘书组成。中央委员会每年召开一次会议，大会每三年召开一次。拉丁美洲为了管理起见分为三个区域。拉丁美洲工人联合会的座右铭是"为了拉丁美洲的解放"。

20世纪30年代和40年代初，隆巴多通过出版刊物和在一所专门的工人大学开设课程，以此对墨西哥工人和其他人进行政治教育。《未来》杂志——有人（有点不恰当地）把它比作美国的《国家》杂志（*The Nation*）和《新共和》杂志（*The New Republic*）——在隆巴多的指导下于1933年12月开始出版发行，是双月刊（后来改为月刊）。在墨西哥左翼的政治评论中，它的发行量最大。文章涵盖了各种主题，包括墨西哥的经济问题、社会问题、政治问题、国际事务、历史事件、艺术和心理学。在同一时期，隆巴多创办了季刊《工人大学》，专门发表严肃的理论性文章。《墨西哥劳工新闻》（*Mexican Labor News*）和《拉丁美洲工人联合会新闻》（*C.T.A.L. News*）的新闻传单以及《大众报》提供了有关劳工运动和国际事务的最新的新闻报道。

20世纪30年代建立的几个墨西哥工人的马克思主义政治教育机构，体现了隆巴多一生中对教育的兴趣。当然，以马克思主义为教育方向，意味着要教授辩证唯物主义和历史唯物主义的基本思想，教师们要用这些思想来指导自己的思考和行动。1932年5月，在隆巴多的影响下，联邦区工会联合会（Federación de Sindicatos Obreros del Distrito Federal）制

订了一项对工人进行马克思主义政治教育和文化教育的完整计划。1933年3月,"净化后的墨西哥工人地方联合会"在联邦区工作人员的领导下,其战术政策和教育计划接受了马克思主义为指导方向。成立于1933年10月的墨西哥工人和农民总联合会也采取了同样的行动。墨西哥工人和农民总联合会第一次在会议上提出了以马克思主义为指导的国民教育规划。同时,国民革命党提出并通过了1917年《宪法修正案》,规定教育必须以社会主义为指导。

1933年,隆巴多与持有不同政见的国立大学的左翼教授们一起建立了亲民族文化协会(Asociación Pro-Cultura Nacional)。不久之后,这些人建立了加比诺·巴雷达(Gabino Barreda)预科学校。这所学校办得非常成功,以至于到1934年成为加比诺·巴雷达大学(Gabino Barreda University)。这所大学不仅强调马克思主义的政治教育,而且还组织学校进行艺术、口腔卫生光学、验光学以及细菌学的教学。然而,隆巴多的主要兴趣在于工人的政治教育。因此,这所大学的各个学院都移交给了联邦政府,而隆巴多自己则于1936年2月新建立了一所严格进行马克思主义思想政治教育的学院,即工人大学。

正如隆巴多所解释的那样,"这是一所具有浓厚政治色彩的学校;工人大学试图培养劳工运动的干部……且这是一项政治任务"。这所大学的最终任务是"人类的解放"。大学的教学强调了哲学和历史的解释对劳动运动发展的重要性;用辩证唯物主义解释现实。课程内容包括历史、经济理论、政治策略、组织历史、工会策略、劳动法、国家和国际事务。课程强调了对对立思潮的批评。根据拉丁美洲工人联合会1941年的一项决议,工人大学于1943年设计了一个新的课程方案,把该学校从一个培训墨西哥工人的中心扩大到一个培训所有拉丁美洲工人的中心。然而,非墨西哥学生的数量一直是有限的。目前,这所学校几乎只招收墨西哥学生。

尽管隆巴多和他的同事们在促进工人团结和工人的马克思主义政治取向方面取得了许多成就,但在20世纪30年代后期和40年代初,强大的反对势力开始遏制左翼运动。对隆巴多领导的劳工运动的持续反对来自国内外资本利益集团,来自军队、天主教会的反动分子,以及墨西哥大多数报纸媒体。

墨西哥的媒体，尤其是同情纳粹的报纸《精益求精》（*Excelsior*），是反对隆巴多领导的劳工运动的发言人。隆巴多经常受到攻击和诽谤。他的马克思主义哲学受到批判，他在政府内部的影响也遭到谴责。据媒体报道，隆巴多更感兴趣的是获得个人的政治权力，而不是提高工人阶级的利益。此外，在墨西哥劳工联合会放弃其实现无阶级社会的目标，采取与资本家合作促进国家发展之前，墨西哥就不会有和平。反对派媒体的态度体现在周刊《今日报》（*Hoy*）的一篇社论中："我们要求……卡德纳斯总统的政府……坚决有力地制止散布仇恨的煽动家。我们国家需要的是墨西哥工人与墨西哥资本家之间的和解，只有这样工人的生活才能得到供养和维持。"

墨西哥的实业家和外国的实业家拒绝对有组织的劳工的要求作出让步；大地主拒绝农民的要求。墨西哥商人组织了一个全国雇主协会，即墨西哥共和国雇主联合会（Confederación de Centros Patronales de la República Mexicana），它比以往任何雇主协会都更有力地抵制劳工运动。雇主联合会鼓吹通过阶级合作和社会改革来改善工人的生活条件（从而削弱阶级斗争）。

墨西哥劳工联合会在新莱昂州（Nuevo León）遇到了最强烈的反对，尤其是在其首都蒙特雷市。州政府官员与实业家合作，努力防止地方工会加入墨西哥劳工联合会。实业家在新莱昂工人中组织了一个公司工会，以控制工人，同时也阻挠墨西哥劳工联合会组织的活动。此外，在索诺拉州（Sonora）、科阿韦拉州和杜兰戈州（Durango），地方政客合作成立了公司的工会。墨西哥劳工联合会在索诺拉州的气氛尤其压抑；隆巴多指责州长拉蒙·约库皮西奥（Ramon Yocupicio）在他访问该州时试图暗杀他。

天主教会对隆巴多的辩证唯物主义持批评态度，大体上站在他的反对者的一边。20世纪20年代，有几个规模较小的天主教工人的工会组织了起来（其中没有罢工的），但教会对工会运动的直接影响微乎其微。此外，卡德纳斯对教会的温和政策削弱了教会在革命问题上的团结；神职人员分为保守派和温和的革命派。在卡德纳斯执政期间，教会与劳工之间没有发生重大的冲突。

军队反对隆巴多的一些政策。对隆巴多新组建的工人民兵组织，军队尤其感到恼火,认为这是其权威的竞争对手。根据一些保守派的说法,隆巴多的目的是用他的民兵使墨西哥苏维埃化。在军队的压力下,卡德纳斯禁止民兵携带武器。

卡德纳斯总统的态度对左翼劳工运动的发展具有决定性的影响。在劳资纠纷中,卡德纳斯通常偏袒工人。然而,他的目标不是无产阶级专政。卡德纳斯不信任一个为特定社会阶级利益服务的强大国家。比起企业由国家控制,他更倾向企业直接为工人所有,或为更具社会责任感的私人所有。简而言之,他寻求增强工人阶级的力量,但不希望这个阶级统治墨西哥。因此,他促进成立墨西哥农民联合会(Confederación Campesina Mexicana),从而消除墨西哥劳工联合会对许多农村工人的控制。他阻止新组织的政府工作人员加入墨西哥劳工联合会。此外,在与隆巴多的冲突中,在建立工人民兵组织的问题上,他通常站在军队的一边。简而言之,卡德纳斯的理想是在工人、农民、军队和中产阶级之间保持平衡。在人民统一战线(墨西哥革命党)中,工人、农民、军队和中产阶级等每个群体都得到了代表;各群体之间的民主式的相互作用将决定国家未来的政治进程。这一理想从未得到实现——在理论上和实践上都是不可能实现的。20世纪40年代和50年代,资本家的利益开始支配墨西哥。

隆巴多和卡德纳斯之间的具体关系是复杂的。1934—1940年,如果主要是一个人进行改革,是一个思想进步的拉扎勒斯·卡德纳斯总统(或马克思主义劳工领袖维森特·隆巴多·托莱达诺),那么将会大大简化这项改革在这个时代的复杂程度,且将塑造出一位历史性"伟人"。毫无疑问,卡德纳斯总统主动寻求在墨西哥推行广泛的土地、劳动力、医疗和教育等方面的改革。然而,改革的根本动力来自墨西哥工人和农民争取改善其生活条件的斗争。如果失去民众的推动力,来自国内外不动产利益集团的压力很可能会阻碍总统的任何改革计划。

民众的压力已经导致了卡列斯领导的国民革命党在1933年采用左倾的六年计划(Six-Year Plan),其中包括要求呼吁简化土地改革的法律程序,让农业雇工参与土地的分配,给予所有社区所需要的土地,执行1917年宪法第123条(劳工条款)所有的宣誓,在与资本家进行斗争时增强工会的团结,推进集体谈判原则,以及新建1.2万所农村学校。农民将拥有他们的土地作为小型财产（虽然他们不能出售他们的财产），并且能够组织合作社以争取信贷和销售商品等。1932—1934 年的总统是阿贝拉多·罗德里格斯（Abelardo Rodriguez），他是卡列斯总统的人，在他执政的最后一年开始实施该计划。例如，罗德里格斯政权继续努力制定市民的最低工资标准，并在 1934 年 2 月 20 日至 8 月 31 日，将 121.8 万公顷土地分配给 9.7 万户家庭。

因此，在卡德纳斯上台之前，民众的不满已经导致执政党国民革命党采取左倾的政治行动方案，并开始将该方案付诸实施。该总方案在很多方面相当模糊，卡德纳斯却给出了一个明确的具有革命性的阐释。在卡德纳斯统治期间，他从两个方面作出了根本性的改革：一是促进农业和工业的工人合作社的形成，从而取代六年计划中设想的更加个人主义的土地改革方向；二是铁路和石油工业的国有化。

由隆巴多领导的成立于 1933 年的墨西哥工人和农民总联合会，致力于把墨西哥工人和农民组织起来，并将他们不满的重点放在具体目标的实现上。正是民众的这种不满的表达促使国民革命党政策开始左倾。在与卡列斯的政治机器进行权力斗争时，有组织的劳工对卡德纳斯的支持是非常宝贵的。卡德纳斯赢得了对卡列斯的胜利，这为实现六年计划中许多进步性条款以及其他的改革铺平了道路。

隆巴多和卡德纳斯都设法组织和加强墨西哥工人和农民的运动，以便实现改革。隆巴多组织和统一墨西哥工人阶级的最终目标是实现墨西哥的社会主义化。卡德纳斯的目标是在墨西哥实现一种激进的小资产阶级民主。当这些最终目标的分歧在实践中导致冲突时，例如在把整个工农运动统一在隆巴多领导下的问题上或武装工人民兵的问题上，卡德纳斯就把他的意志强加于人。隆巴多虽然小心翼翼地不把任何问题推到与卡德纳斯决裂的地步，不过在卡德纳斯规定的范围内仍有相当大的行动自由。这一可操作性得到了加强，因为卡德纳斯没有他所希望发起的具体改革的严格蓝图。（六年计划与其说是改革的具体蓝图，不如说是一个总体指导方针。）隆巴多利用这种可操作性，在工人中传播马克思主义思想，把民众的不满集中在某些具体目标的实现上。

石油工业的国有化就是一个很好的例子。人们普遍认为，卡德纳斯没有预料到石油工业会被没收。石油公司的情报、对石油公司的在意以

第七章 劳工领袖时期（1933—1962年）

及组织全国支持石油工人是决定这场争端最终结果的关键性因素。墨西哥的劳工领袖充分利用了石油公司代表的目空一切、盛气凌人和目光短浅的行为。因此，卡德纳斯在1938年3月遇到了这样一种情况，即他不得不没收石油公司，以维护自己和墨西哥的尊严。当然，在与外国公司的斗争中，卡德纳斯一直是支持工人的。没有迹象表明他在1938年3月18日晚上不愿履行他的职责。

简而言之，卡德纳斯和隆巴多间的关系是复杂的和互惠的。在最后一个例子中，卡德纳斯作为总统主导了这一关系，并确保劳工运动服务于他而不是隆巴多的目的。这一时期改革的根本动力不是卡德纳斯或隆巴多的个人愿望，而是墨西哥工农为改善生活条件而进行斗争的意愿。

20世纪40年代和50年代，反对者的一致攻击在一定程度上抹杀了隆巴多在统一墨西哥和拉丁美洲的劳工，以及在组织成立由劳工、农民、小资产阶级和民族资产阶级组成统一战线的斗争中所取得的成就。在政治温和派将军曼努埃尔·阿维拉·卡马乔担任总统期间，隆巴多的反对者取得了适度的胜利。隆巴多为了维护人民统一战线革命力量的团结，他选择通过支持阿维拉·卡马乔成为候选人来应对反对派候选人胡安·安德烈·阿尔马桑将军（General Juán Andreu Almazán）领导的右翼分子的严重威胁。正如隆巴多在墨西哥劳工联合会的演讲中所说的那样："我们饱含激情地以合法的方式捍卫劳工组织所代表的利益，但与此同时，我们要保持冷静，永远不要忘记可能发生的最坏情况是墨西哥主要的革命力量的破裂，在这些时刻，从选举斗争的角度来看，墨西哥革命党就是这种力量的代表。"

阿维拉·卡马乔将军执政期间，劳工组织的领导发生了重大变化。隆巴多的反对者所强调的反共主题在卡德纳斯政府末期的墨西哥劳工联合会中得到了重视。温和派开始支持墨西哥劳工联合会全国委员会成员菲德尔·维拉斯克斯（Fidel Velázquez）成为隆巴多的继任者。

有报道说隆巴多是被迫离职的（但遭到否认）。但是，当隆巴多正式辞去秘书长一职时，他的五年任期已经结束。菲德尔·维拉斯克斯当选为他的继任者。据报道，隆巴多曾说过："我把秘书长的职位留给了一位对资产阶级充满仇恨的人。"

在菲德尔·维拉斯克斯的领导下，第二次世界大战期间，温和派势力在墨西哥劳工联合会中获得越来越大的优势。"二战"时需要民族团结和限制罢工以便不对盟军的努力作战造成妨碍,温和派借此证明其温和政策的合理性并巩固其立场。美国对墨西哥投资、贷款和购买墨西哥商品的增加带来了战时的繁荣,这使温和派的工会领导人能够把工人的注意力集中在获得眼前的物质利益上。政府通过颁布法律来强化这一趋势,如1944年的《社会保障法》和1943年定期增加工资以补偿物价上涨的规定。工人运动中阶级斗争和国际主义的情绪逐渐低落。

阿维拉·卡马乔政府总体上缓和了真正的革命性改革计划,强调了在农业中私人财产所有性质的形成,而不是公共或半公共性质财产所有性质的形成。总而言之,墨西哥资产阶级,特别是那些拥有政治权力的资产阶级,正在巩固其在墨西哥社会和政府中的统治地位。

第二次世界大战期间,隆巴多把精力集中在担任拉丁美洲工人联合会主席的职责上。自法西斯主义诞生以来,隆巴多一直是其坚定的反对者。(早在1925年,他去意大利探亲时,就看到了现实中的法西斯主义。)20世纪30年代,他强烈反对法西斯主义的崛起。隆巴多接受了1939年俄德间的互不侵犯条约,认为这是苏联为争取时间准备应对德国不可避免的进攻而采取的措施。他认为,苏联缔结该条约是被迫的,因为西方各国政府对纳粹采取妥协政策,并企图引导德国只针对苏联。因此,从歌颂俄德间的互不侵犯条约到1941年德国入侵苏联期间,隆巴多一直强调墨西哥和拉丁美洲在战争中保持中立。然而,从1941年夏天起,隆巴多就开始大力支持对轴心国发动全面战争。在隆巴多看来,他的职责是帮助拉丁美洲人民团结起来,支持同盟国的事业,反对轴心国的宣传和第五纵队的活动。为此,他利用自己作为拉丁美洲工人联合会主席的官方职位,成功地对12个拉美共和国作了巡回演讲。在强调团结时,隆巴多强调进行有效的经济合作以支持战争的努力,并呼吁限制可能破坏这一努力的罢工。

在谈到战争的结束和战后世界的建设时,作为拉丁美洲工人联合会发言人的隆巴多呼吁轴心国无条件投降,并落实《大西洋宪章》所载的各项原则。他否认拉美的劳工运动寻求战后立即在拉美建立无产阶级专政。相反,它谋求促进拉丁美洲的国家独立、经济发展、更高的物质和文化生活水平以及政治民主。这些目标是要在工人、农民、反帝国主义分子、中产阶级和本土资本家的共同行动的基础上实现。因此，在隆巴多的推动下，墨西哥签订了一项劳动产业协定。在这项协定中，劳工和资本家同意共同努力促进国家独立、经济发展和生活水平提高。1945年4月拉丁美洲工人联合会和国家转型工业商会（Cámara Nacional de la Industria de Transformación）签订了《墨西哥工业工人契约》（Mexican Pacto Obrero Indusrtial）。除了规定上述目标外，契约还注意到，签署契约的双方都保留了它们所代表的社会阶级的特殊利益以及捍卫这些利益的权利。

隆巴多继续坚持推行革命的统一战线政策来反对右翼分子，热烈支持米格尔·阿莱曼参加1946年的总统选举。亚历杭德罗·卡里略（Alejandro Carrillo）是隆巴多的亲密伙伴，也是《大众报》的编辑，他负责阿莱曼的宣传活动。反对党候选人埃泽奎尔·帕迪拉（Ezequiel Padilla）是阿维拉·卡马乔领导下的外交部部长和墨西哥驻旧金山的联合国代表，隆巴多谴责他是墨西哥工人的敌人，是美帝国主义的"仆人"。他指责某些美国公司支持帕迪拉，而与天主教会关系密切的极右翼政治团体辛那其全国联盟（sinarquistas）则从美国进口武器。墨西哥政府否认了这些指控。

从国民生产总值的增量来看，墨西哥的经济发展一直持续到20世纪40年代和50年代。尽管各经济部门间的增长率出现了严重的不平衡，经济还是得到了发展；有些部门，例如以墨西哥众多的小规模农业生产者为代表，他们的发展就很少。虽然繁荣不是所有人共享，但却加强了那些控制国家权力的资产阶级分子的力量。因此，阿莱曼政府（1946—1952年）发起了一场反对墨西哥劳工的团结、独立和革命意识的运动。结果是，劳工运动在团结和军事方面都急剧下降。

1942年，当由20万名工人组成的全国无产阶级防卫集团（Bloque Nacional de Defensa Proletaria）成立时，墨西哥劳工联合会开始出现严重的分裂。更严重的分裂发生在1947年。控制墨西哥劳工联合会的改革派领导人提议费尔南多·阿米尔帕（Fernando Amilpa）接替维拉斯克斯担任秘书长。激进派，主要是旧的墨西哥共产党领导人，支持铁路工人路易斯·戈麦斯（Luís Gómez），当意识到激进派不会获胜时，他们在选举之前退出了墨西哥劳工联合会，并组成了以铁路和糖业工人为主要成员的工人联合会（Confederación Unitaria de Trabajadores，CUT）。各工会的联盟失败了。改革主义者现在完全控制了墨西哥劳工联合会,而他们听命于政府的操纵。

隆巴多当时正在组建一个新的政党——人民党,他仍然留在墨西哥劳工联合会,并支持阿米尔帕的候选人资格。墨西哥劳工联合会的全国委员会最初支持新政党的想法。他们的支持得到了国会的支持。然而,在政府的压力下,全国委员会反对了这个提议,且在隆巴多和他的追随者坚持继续组织人们支持阿米尔帕的时候,他们被驱逐出了墨西哥劳工联合会。墨西哥劳工联合会改变了其原则性声明,退出了拉丁美洲工人联合会和世界工会联合会(World Federation of Trade Unions,WFTU)。其新原则性声明强调追求物质和文化的改善以及支持墨西哥的资产阶级民主革命。

1948年1月,在被驱逐出墨西哥劳工联合会的几个月后,隆巴多组织了一个新的劳工组织中心——墨西哥劳工联盟(Alianza de Obreros y Campesinos de México,AOCM)。其附属机构包括石油工人、矿山工人、冶金工人、铁路工人和若干农场工人的工会组织。该联合会的中心与拉丁美洲工人联合会和世界工会联合会都有联系。

墨西哥劳工联盟是作为一种临时的权宜之计而设计的。1949年,它让位给一个新的更大的组织——墨西哥工人和农民总工会(Unión General de Obreros y Campesinos de México,UGOCM)。尽管隆巴多不是墨西哥工人和农民总工会的秘书长,但他的影响力在墨西哥工人和农民总工会中占主导地位。成员包括矿山工人、冶金工人、石油工人、糖厂工人、联邦地区的电车工人、大坝和公路建筑的工人以及代表大量村社成员和农村工人的组织。墨西哥工人和农民总工会采用了墨西哥劳工联合会原有的原则和程序,隶属于拉丁美洲工人联合会和世界工会联合会。到1949年年底,已经有50多万名成员。

在冷战宣传和敌对行动的影响和利用下,阿莱曼政府采取直接干预工会内部事务的做法,用政府的棋子取代民主选举产生的领导人。政府通过军事干预的方式罢免了铁路工人工会的领导人,并任命了一位由政府挑选的秘书长。新政府的强制性领导导致铁路工会脱离了隆巴多领导的工会运动。战时的"社会瓦解法"(social dissolution)被改变,以适用于针对左翼的煽动者和政府的批评者。几名工会领袖被监禁,其中包括铁路工人路易斯·戈麦斯和瓦伦丁·坎帕（Valentín Campa）。政府拒绝承认墨西哥工人和农民总工会是合法的劳工联盟，对其进行干预并强行让政府自己的候选人担任墨西哥工人和农民总工会的几个主要附属机构的领导人。结果，制糖工人、石油工人、采矿工人、冶金工人都退出了墨西哥工人和农民总工会。

劳工运动的"明显衰落阶段"从20世纪40年代开始出现，而在50年代的大部分时间里也都一直在继续。运动内部的分歧继续扩大，罢工次数减少。重新把劳工团结在一起的努力收效甚微；1952年成立的革命的工人和农民联合会（Confederación Revolucionaria de Obreros y Campesinos，CROC）和1955年成立的由墨西哥劳工联合会主导的工人单位就属于这种情况。1956年有8个主要的劳工联合会、1个独立的政府雇员的联合会、4个重要的独立工业联合会和几个较小的独立工会。除了墨西哥工人和农民总工会外，政府控制了所有的劳工组织。

1958年，在劳工运动中掀起了一股新的斗争浪潮，试图转向革命和实现团结。20世纪四五十年代墨西哥大部分人的实际收入下降，对此工人们作出的反应是推动这种斗争浪潮。同时，这一时期的收入分配也越来越不平等。墨西哥经济学家曼努埃尔·格曼·帕拉（Manuel German Parra）计算出，1940年，最富有的1%的人口获得了全国收入的三分之一，而1955年，这一比例变成了三分之二。

自1958年以来发生了无数次罢工和示威活动。用民主选举产生的代表取代工会中政府爪牙的尝试在两个显著的例子中取得了成功——铁路工人工会和全国教师工会第九分会（Section IX of the national teachers' union）。据隆巴多说，失去这些活动成果的主要原因是新领导人采取了不当的策略。

阿道夫·洛佩斯·马特奥斯总统（1958—1964年）的政权以两种方式回应了复兴的战斗——镇压和让步。因此，1958—1959年的铁路工人罢工被联邦军队镇压，数千名工人被捕。一些主要的工会和政党领导人，如德米特里奥·瓦列霍（Demetrio Vallejo）、菲洛梅诺·马塔（Filomeno Mata）和戴维·阿尔法罗·斯基罗斯（David Alfaro Siqueiros），根据"社会瓦解法"的宽泛规定遭到监禁。另外，马特奥斯政府给社会变革带来了新的动力。扩大土地改革，推进灌溉工程建设；政府期望1964年的电能产量将是 1958 年的两倍。社会保障计划得到了扩展。政府国有化了电力能源工业、大部分钢铁工业和部分民航。政府正式主张在国际事务中尊重民族自决权。

隆巴多继续通过墨西哥工人和农民总工会和（社会主义）人民党对墨西哥劳工运动产生直接的影响。（在本书第八章将对人民党进行研究。）隆巴多人民党的亲密伙伴兼农民事务秘书哈辛托·洛佩兹（Jacinto López）担任墨西哥工人和农民总工会的秘书长。联盟的其他领导人也是人民党的成员。墨西哥工人和农民总工会声称（1961 年）代表了 6 个州和 77 个区域，成员总数约为 30 万。农民和农业工人占会员总数的 70%；其余的由"当地工会和合作社组织的工人"组成。1960 年，美国劳工部（U. S. department of Labor）估计，墨西哥工人和农民总工会的会员人数在 5000 人至 1 万人。

墨西哥工人和农民总工会在土地改革运动中发挥了积极的作用。它力量最强且也因此最成功的行动地区在墨西哥的西北各州，从下加利福尼亚州（Baja California）和索诺拉州到米却肯州（Michoacán）。1957 年 3 月，墨西哥工人和农民总工会在索诺拉州的洛斯莫奇斯（Los Mochis）召开了一次大会，会议同意，如果到那时墨西哥西北部还没有给许多（约 5 万）无地的农民发放土地，它将于次年入侵大庄园。隆巴多·托莱达诺和哈辛托·洛佩兹是该计划的制定者。

1958 年 2 月，拉扎罗·卢比奥·费利克斯（Lázaro Rubio Felix）和华金·萨尔加多·梅德拉诺（Joaquín Salgado Medrano），分别担任墨西哥工人和农民总工会的全国农业事务秘书和农民总工会驻锡那罗亚州（Sinaloa）的库利亚坎市（Culiacán）的事务主任，领导了大约 1 万名无地农民入侵库利亚坎山谷的大庄园。同月，哈辛托·洛佩兹带领劳工占领了索诺拉州的土地。这次的占领土地行动只是象征性的，几乎是完全针对外国土地所有者（希腊人、美国人、意大利人、德国人）的，其目的是强迫政府对外国土地所有者采取行动。

占领土地的战术很成功。鲁伊斯·科尔蒂内斯政府立即将库利亚坎峡谷边缘的 1.5 万公顷未灌溉的土地征用为村社——这是该政府执政期间成立的第一个村社。政府还承诺将为这些土地建造灌溉系统，并在灌溉良好的山谷中征用更多的土地。洛佩斯·马特奥斯政府已经征用了 6.5 万公顷灌溉过的山谷土地。索诺拉州的争端涉及横跨美墨边境的一个64.7万英亩的养牛场,农场主是美国人小威廉·格林(William C. Greene, Jr.)。1958年8月鲁伊斯·科尔蒂内斯政府征用了这个大农场的土地,1959年2月,洛佩斯·马特奥斯政府将他们组织成一个集体的村社,这是自卡德纳斯总统时代以来在墨西哥乡村成立的第一个集体村社。

目前,墨西哥工人和农民总工会正在向政府施加压力,要求检查该国新灌溉区的土地所有权。与墨西哥的《土地法典》规定相反,在这些地区,个人垄断了大片土地。墨西哥工人和农民总工会的做法是在政府之前对可以证明非法占有土地的个人案件提起诉讼。目前没有进一步侵占土地的打算,因为洛佩斯·马特奥斯政府正在推动土地改革,以便1958—1962年发布征用1000万公顷土地的总统令。在这种情况下,墨西哥工人和农民总工会的激烈行动可能导致政府镇压,并使群众疏远墨西哥工人和农民总工会的领导人。

隆巴多凭借多年组织劳工运动经验所得到的知识,协助争取劳工运动的独立和统一。在帮助全国教育工作者联盟内部争取统一和独立的斗争方面,他特别有影响力。1960年,联邦区的全国教育工作者联盟第九分会由约1.9万名学前教育教师和小学教师组成,其新当选的领导人企图篡夺对整个全国教育工作者联盟的领导权,该联盟出现严重分裂。因此,全国教育工作者联盟全国特别委员会(Extraordinary National Council)召开,罢免了第九分会的领导人。此时这个分会留下的普通会员感到不满和失望。社会主义人民党向新当选的全国教育工作者联盟全国执行委员会(National Executive Committee)提供合作,以在第九分会内恢复团结。社会主义人民党制订了该分会教师的教育方案和政治方向,其中最显著的特点是隆巴多以"墨西哥工会运动的理论和实践"(Theory and Practice of the Mexican Union Movement)和"哲学和无产阶级"(Philosophy and the Proletariat)为主题举行了一系列会议。经过这一系列初步的措施,该联盟教师成员的意愿在任何时候都得到了咨询和尊重,新的执行委员会是按照严格的民主程序选出的。他们恢复了团结和战斗力,普通民众也恢复了对领导人的信心。应该指出的是,全国教育工作者联盟是国际教师联合会的成员,而该联合会又隶属于世界工会联合会。1962年9月,全国教育工作者联盟派代表参加在智利圣地亚哥举行的拉美劳工大会。

▶▶ 托莱达诺：墨西哥马克思主义者

前文所提到的隆巴多创办的报纸和期刊，在第二次世界大战后的几年内停止了出版。《大众报》一直发行到1960年，但是隆巴多自20世纪50年代初以来就与该报没有任何联系了。读者广泛的自由派杂志《永远!》成立于1953年，自成立以来隆巴多一直为它撰稿。此外，在他指导下还于1961年1月创办了双月的评论刊物《前进》（Avante）。该评论刊物服务于社会主义人民党。《前进》每期平均50—60页，内容涉及墨西哥的政治、经济和社会等问题，墨西哥当前的政治和左翼政治问题，以及国际事务，包括古巴、中国和苏联的事态发展，以及其他社会主义国家的事态发展。社会主义人民党的重要文件及声明均刊载于此。

隆巴多负责的工人大学继续发挥着墨西哥工人的马克思主义政治教育中心的作用。它的职能最近有所扩大。除了墨西哥城原有的学校外，学校还分别于1945年在塔毛利帕斯州（Tamaulipas）的坦皮科市（Tampico），于1956年在米却肯州的莫雷利亚市（Morelia），于1961年在锡那罗亚州的库利亚坎市和纳亚里特州（Nyarit）的特皮克市（Tepic），以及于1962年在奇瓦瓦州的奇瓦瓦市（Ciudad Chihuahua, Chihuahua）等地建立学校。1962年将在索诺拉州的埃莫西约市（Hermosillo）和哈利斯科州（Jalisco）的瓜达拉哈拉市（Guadalajara）建立学校，1963年在新莱昂州蒙特雷市开办学校。墨西哥城的这所学校大约有200名在校生，其中大多数是工会领袖。其他学校的学生主要是普通的工会成员。坦皮科市的学校大约有250名学生，库利亚坎市和莫雷利亚市各有100名学生。

工会大学声称，除了右翼政党"国家行动党"之外，所有工会联盟和政党的成员都在墨西哥城学校的学生群体中有代表。大约90%的学生要么是无党派人士，要么是政府官方政党革命制度党的成员。社会主义人民党有自己独立的政治教育体系。

工人大学自1936年成立之日起一直接受政府资助，直到1951年年初。从那时起，它就没有得到过补贴。一个由拉扎罗·卡德纳斯将军领导的赞助委员会试图缓解造成学校负担的许多经济问题。该大学声称，它无法按其要求开设课程——如果有更充足的财政资源，可以开设更多的学校。

1962年，墨西哥城的这所大学被分成政治预备学院（School of Political Preparation）、劳工法学院（School of Labor Law）和工会预备学院

(School of Union Preparation)。报名费为 10 比索，学生可以选择所提供的课程。课程包括经济地理学、政治经济学、帝国主义、墨西哥的历史、辩证唯物主义和历史唯物主义、国际工人运动的历史、世界历史、墨西哥政治思想史、哲学史、辩证唯物主义哲学史、公法和私法的要素、工资、生产力、墨西哥的社会保障、集体劳动合同、工会宪法、法律和规章制度、劳工法庭：墨西哥工会斗争的理论与策略。此外，该大学还有一个杂项科，开设英语、西班牙语、演讲、算术和几何以及工会新闻等课程。各学院和杂项科的学生都要上一门"工人阶级问题的口头辩护"的通识课程。

隆巴多在国际劳工运动中继续发挥着重要作用。作为拉丁美洲工人联合会的主席，他是参加 1945 年 2 月在伦敦举行的会议的主要代表之一，那次会议为建立世界工会联合会奠定了基础。隆巴多在行政委员会（Administration Committee）和后来的宪法小组委员会（Constitution Subcommittee）任职，宪法小组委员会的目的是执行建立世界工会联合会的任务。1945 年 9 月在巴黎召开的制宪会议确定了世界工会联合会的具体形式。隆巴多当选为负责拉美事务的副主席。

由于冷战时的敌对状态，世界工会联合会在 1949 年出现分裂，当时美国和英国的工会代表以及一些法国、荷兰和比利时的工会代表要求世界工会联合会要么接受马歇尔计划，要么作为一个组织解散。执行局拒绝了该提议，持不同政见的工会退出了世界工会联合会，并组建了总部设在布鲁塞尔（Brussels）的国际自由工会联合会（International Confederation of Free Trade Unions）。

隆巴多继续担任世界工会联合会的副主席，近年来其规模不断扩大。他参加了该组织的所有重大会议。在该联合会成立后不久，其行政委员会在隆巴多的主持下成立了一个西班牙语出版物局。隆巴多成为世界工会联合会官方机构的西班牙语编辑，这是一份以西班牙语发行的评论月刊，名称为《世界工会运动》（*EL Movimiento Sindical Mundial*）。

第二次世界大战之后的冷战阴谋和敌对状态，以及右翼分子占领了许多拉丁美洲国家的政府，这导致了拉丁美洲工人联合会力量的严重削弱。根据隆巴多的说法，美国政府发起了一场运动，旨在分裂拉美劳工运动，并将这一运动的控制权交给"安全"的改革派领导人。

作为这项运动的一部分，1947 年美国劳工联合会（American Federation of Labor，AFL）率先在秘鲁利马（Lima）召集美洲劳工大会。在那里组织了美洲间工人联合会（Confederación Inter-americana de Trabajadores，CIT）。然而，它几乎没有取得什么成功，事实上，它一成立就不复存在了。尽管如此，当隆巴多于 1948 年（当前任期结束时）作为国际劳工局（International Labor Office，ILO）理事会成员辞职时，他被来自智利的美洲间工人联合会主席所取代。

1951 年，国际自由工会联合会在墨西哥城召开了西半球会议。该联合会从一开始就被分裂所困扰，因为墨西哥劳工联合会撤回了其代表，许多人（包括政治温和派的墨西哥劳工联合会秘书长菲德尔·维拉斯克斯）认为该联合会是美帝国主义的工具。然而，美洲工人组织得以成立。至今它仍然存在。

1952 年，在阿根廷胡安·庇隆（Juán Perón）政权的刺激下成立了拉丁美洲工人协会（Associación de Trabajadores Latinoamericanos，ATLAS），这导致拉丁美洲劳工运动的进一步分裂。拉丁美洲工人协会拒绝与拉丁美洲工人联合会合作。

几个国家的拉丁美洲工人联合会的分支机构解体了，包括哥伦比亚（CTG）、古巴（CTC）和秘鲁（CTP）。在墨西哥，只有墨西哥工人和农民总工会在该联合会还有代表。尽管古巴革命是一个恢复该联合会活力的因素，但是拉丁美洲工人联合会的弱点仍然存在。

1960 年 10 月，在隆巴多再次当选社会主义人民党总书记后，他宣布辞去拉丁美洲工人联合会主席和世界工会联合会副主席的职务。然而，这些辞职并没有被接受，隆巴多继续担任着这些职务。近年来，拉丁美洲工人争取国家和国际上统一的复兴运动取得了相当大的进展。仅仅这些运动的存在就反映了拉丁美洲民众日益高涨的不满情绪。20 世纪 50 年代，拉丁美洲出现了几个独立的劳工联盟，尽管这些联盟都与国际劳工组织保持着友好关系，但它们仍然不属于任何国际劳工组织。例如，在智利、玻利维亚和乌拉圭就出现了这样的联盟。1962 年 9 月 6 日至 9 日，智利的自治劳工联合会（Confederación Único de Trabajadores de Chile）在智利圣地亚哥主办了拉丁美洲工会会议（Conferencia Sindical Latino Americana）。除了危地马拉（Guatemala）和波多黎各（Puerto Rico）没有工会代表外，所有拉丁美洲人的工会代表都来参加了。下列墨西哥的工会出席了该会议：墨西哥工人和农民总工会、全国教育工作者联盟和为国服务工会联合会（Federacion de Sindicatos de Trabajadores al Servicio del Estado，FSTSE）。

隆巴多在会议上发表讲话，简要介绍了第二次世界大战结束以来拉美劳工运动的历史，并赞扬了建立拉美劳工新联盟的努力。隆巴多说，通过这样一个新的组织，统一的拉丁美洲劳工对于第二次全面的拉丁美洲革命，即拉丁美洲人民摆脱帝国主义的经济解放革命的彻底成功是必不可少的。

隆巴多指出，工人阶级的斗争组织是在一定的历史条件下形成的，是长期的，是工人阶级为了在当下进行斗争进而消灭人剥削人的社会制度成立的。所以，工人阶级的斗争组织不会永远存在。1938年创建的拉丁美洲工人联合会发挥了有益的作用。现在需要一个新的更大的组织。隆巴多说，在这样一个新的拉丁美洲劳工联盟成立的那一天，"我将在会议之前宣布拉丁美洲工人联合会已经死亡，因为它为一个新的强大的由无产阶级和我们半球的农民组成的有机体提供了生命"。

除此以外，会议还达成了以下协议：

（1）批准所有拉美裔工人的最低行动纲领。

（2）通过工业部门（石油、采矿等）召集拉美工会会议。

（3）重申对古巴的支持。

（4）向拉丁美洲工人阶级发表一份宣言，介绍拉丁美洲现在的全貌，并呼吁采取共同行动。

（5）建立一个执行秘书处和一个协调委员会（由每个国家的一名代表组成），为1963年9月的新拉美劳工联合会召开的制宪会议奠定基础。

总之，隆巴多在墨西哥劳工运动的统一方面取得的最大成就是在20世纪30年代，特别是在卡德纳斯将军执政期间。隆巴多组织并领导了已知的墨西哥最大的、最激进的劳工联合会；他组织并担任了一个大型的拉美工人联合会的主席；他管理了一所马克思主义的工人培训学校；他还创办并指导了几本得到广泛阅读的宣传马克思主义的出版物。

第二次世界大战期间，隆巴多致力于努力促进战争背后的美洲团结。在同一时期，墨西哥的资产阶级，特别是掌握政权的资产阶级，利用战时的繁荣和工人阶级自愿采取克制的阶级斗争的机会，缓和了卡德纳斯时期的革命倾向，巩固了对政府的控制。

第二次世界大战后，控制国家政权的墨西哥资产阶级对劳工运动的统一、独立和革命意识发动了一致的攻击。这些当权分子最大限度地利用冷战的宣传和恐惧来分裂、削弱和控制有组织的劳工。根据隆巴多的说法，美国政府利用美国劳工联合会和国际自由工会联合会建立了美洲工人组织，其目的是打击和分裂拉丁美洲具有革命意识的劳工运动。这些活动的结果是，隆巴多被驱逐出墨西哥劳工联合会，拉丁美洲工人联合会逐渐瓦解为一个个骨干组织。墨西哥工会失去了以前的独立性，因为民主选举产生的工会领导人会被政府的爪牙所取代——往往是被迫的。隆巴多影响下于1949成立的墨西哥工人和农民总工会，保持着独立性和激进性。随着《未来》的停刊，隆巴多也终止了与《大众报》的合作，他的宣传马克思主义的出版物的数量减少了。1953年，他开始几乎每周为新出版的、被广泛阅读的《永远!》杂志投稿。

20世纪50年代末60年代初，墨西哥工人运动中激进的阶级意识得到复兴，这反映了墨西哥人民的经济困难日益严重。工会内部发生了强有力的斗争，政府的爪牙被驱逐，工人阶级的利益得到了真正的代表。1958年，受隆巴多影响的好战的墨西哥工人和农民总工会领导了针对索诺拉州和锡那罗亚州土地的侵占运动，导致了土地的征用和村社的形成。1961年，墨西哥工人和农民总工会声称约有30万成员，它继续推动洛佩斯·马特奥斯政府的土地改革运动。1961年，隆巴多创办了新的马克思主义杂志《前进》。他积极参与统一墨西哥劳工的工作，为协助成功地统一全国教育工作者联盟第九分会做出了重要贡献。最近在智利圣地亚哥举行的一次拉丁美洲劳工会议，为在1963年成立一个新的拉丁美洲劳工总联盟奠定了基础。1936年成立至今，隆巴多的马克思主义工人培训学校一直在运转。它目前的活动比以往任何时候都大；在许多城市开设了分校。

在争取独立和统一的斗争中，墨西哥劳工运动仍然面临着巨大的障碍。但是已经取得了进展，前景很好。隆巴多对马克思主义思想的坚定信仰，以及他在劳工运动中积累多年的知识，都是墨西哥和拉美的劳工运动得以发展的重要财富。

第八章　社会主义人民党

　　组建一个能够把各民众的力量聚集在统一战线下的政党的想法在维森特·隆巴多·托莱达诺的脑海中早已存在。这样的政党是由一切支持墨西哥革命的民主的、反帝国主义的、反封建主义的民众的力量所组成。作为墨西哥劳工联合会的秘书长，隆巴多于1937年提议组建这样一个政党。1937年12月，拉扎罗·卡德纳斯总统在其任期内提议建立这样一个统一各民众力量的政党，以取代官方的国民革命党。

　　早在1938年，为了支持总统的倡议，隆巴多在他的一些评论中预言了1948年人民党的成立，"将要组建一个人民大众的政党，是一个代表我们国家人民的政党，如果它只由无产阶级组成，那么它将具有更大的重要性。现在，统一力量进行战斗是必须的；我们会不知厌倦地重复这一点，同时，无产阶级已经是有组织的了"。隆巴多继续指出，虽然无产阶级是墨西哥具有最大革命潜力的社会阶级，但作为一个阶级，它不是自给自足的，因为它不能单独地成功对抗反动势力并推动革命。为了实现这些目标，它应该与农民、手工艺匠人、小商人、知识分子和中产阶级等其他阶级以及军队联合起来。我们的目标不是要使政府苏维埃化——革命是实现我们的目标的先决必要条件。他宣称，"在墨西哥，我们将建立一个简单的民众联盟，以捍卫墨西哥革命的利益……然后，我们将组建一个民众的政党，无产阶级将在其中占据重要地位，它将在人民党中以决定性的方式进行合作，并将确定国家政治的方向是优先考虑墨西哥的人民利益。"

　　由卡德纳斯总统倡议成立的墨西哥革命党完全受控于政府，因此未能满足墨西哥左翼的要求；此外，1940—1946 年，它支持阿维拉·卡马乔政府的温和政策。1943 年，由左翼职业工人纳西索·巴索洛斯（Narciso Bassolos）、何塞·伊图里亚加（José Iturriaga）、维克多·曼努埃尔·维拉西诺（Victor Manuel Villaseñor）等人组成了短命的政治行动联盟（Liga de Acción Política）。1944 年，隆巴多试图将墨西哥左翼统一为墨西哥社会主义联盟（Liga Socialista Mexicana）。除隆巴多外，主要成员还有墨西哥驻苏联大使纳西索·巴索洛斯以及墨西哥共产党的总书记迪奥尼西奥·恩西纳斯（Dionisio Encinas）。该联盟旨在把墨西哥的马克思主义者们聚集在一起研究国家问题和国际问题，但收效甚微，很快就消失了。

同年，隆巴多在墨西哥城举行的一次大会上提出了一项墨西哥的战后计划。它呼吁全国团结起来促进墨西哥的快速工业化，这被认为是实现墨西哥完全的民族独立和政治民主的先决条件。为了实现这一计划，隆巴多于 1945 年赞助了墨西哥劳工联合会与国家转型工业商会（Cámara Nacional de la Industria de Tranformación）合办的帕托·奥布雷罗工业（在第二章中有提到）合唱团的演唱会。双方同意在墨西哥的工业化方面进行合作，同时保留和捍卫他们各自的阶级利益。同样地，1944 年又建立了另一个短命的政党——国民民主独立党（Partido Nacional Democrático Independiente）。其创始人是两位律师，奥克塔维奥·维加·瓦斯奎兹（Octavio Vejár Vásquez）和维多利亚诺·安吉亚诺（Victoriano Anguiano），他们后来都参与了人民党的创建工作。

此外，在战争年代，一些独立的左翼人士谈到了创建新政党的必要性。这方面的谈话和传言从 1945 年到 1946 年期间都一直在持续。最后，隆巴多发出呼吁，墨西哥的马克思主义者们举行圆桌会议讨论这样一个议题，即"无产阶级和墨西哥革命部门在国家历史演变的现阶段的目标和策略"。会议于 1947 年 1 月 13 日至 22 日在墨西哥城的艺术宫举行，下列团体代表出席了该会议：工人大学马克思主义者团体（其中隆巴多是其主要代表）、墨西哥共产党团体、"起义者"的马克思主义者团体（Grupo Marxista "El Insurgente"）和社会主义统一行动（Acción Socialista Unificada）团体。此外，还邀请了几位不附属于任何团体的个人参与讨论。

隆巴多发表了会议的重要讲话。他强调需要对当代墨西哥问题有更好的理论理解。这可以通过把马克思主义原理与当代社会现实问题研究相结合来实现。这项关于当代墨西哥问题的研究将揭示出官方政党革命制度党的继承者（即墨西哥革命党）在推动革命方面存在的缺陷。墨西哥革命的目标尚未实现，但已部分实现；为了确保实现这些目标并防止反动势力占上风，墨西哥需要一个新的政党。他认为，新的政党必须是一个真正的群众的统一战线政党，不受国家的控制。它必须是一个人民的政党，由工人、农民、知识分子、当地的实业家、中产阶级的部分人群以及其他的群众力量组成。这些社会阶级在无产阶级的领导下团结起来，将继续推动墨西哥的革命运动，以实现革命目标，即通过健全的经济发展提高人民的生活水平，实现民族独立和人民民主。在国际事务中，该党将为和平而战，为消灭法西斯主义而战，为殖民地和半殖民地国家的独立而战，为团结和实现不干涉拉丁美洲的原则而战。这个政党不会是马克思主义的，因为墨西哥已经有了一个马克思主义政党——墨西哥共产党。

通过该会议期间的广泛讨论，隆巴多成功地使得自己的一个基本观点得到认同，即仅凭无产阶级的力量反抗帝国主义是不够的，必须和其他反帝国主义的民众的力量团结成一个共同的政党。早在1937年他就公开表达过这个观点，此时该观点将得以开花结果。

1947年5月隆巴多前往欧洲参加世界工会联合会的会议，在会议前夕的宴会上他发表了讲话，进一步阐明了他对新政党的构想。隆巴多声称，墨西哥革命有两面性：它试图摧毁旧的半封建半殖民地秩序，并创建一个新的墨西哥。但是，这场革命在积极性方面和消极性方面都是不完整的。要建立一个新的墨西哥，首先必须实现和保持民族自治。此外，墨西哥人民的生活水平必须通过一项完整的农业生产工业化方案得到提高。最后，必须促进墨西哥政治的体制与实践的逐步民主化。

他认为，以国家行动党和国粹党（Unión Nacional Sinarquista）为代表的右翼势力正在设法摧毁革命。美国的垄断企业试图主宰墨西哥和全世界。为了创建一个新的政党即人民党，有必要推动革命，有必要让人民时常认识到其具有持续性的目标，更有必要帮助反对破坏革命权利的行动——特别是国家行动党惊人成功地赢得地方选举的主要原因在于在许多城市并没有真正有组织地反对国家行动党。

最后，隆巴多提出了一条自人民党成立以来一直指导其行动的方针。该党的指导方针是推进革命。因此，该党将支持革命制度党和政府所采取的行动和政策，这些行动和政策的革命后果是积极的，它将反对那些具有负面影响的行动和政策。该党将会是右翼势力及其政党的宿敌。

随着讨论、演讲和会议等活动的日益增多，支持组建新政党的团体和委员会在墨西哥的许多州自发地涌现出来。墨西哥城成立了一个全国协调委员会来帮助这些组织。委员会和地方团体的社会成员有广泛的群众基础，包括工人、农民、知识分子、教师和学生等各界的代表。

墨西哥劳工联合会最初接受了人民党的组建提议。然而，在革命制度党和政府的施压下，墨西哥劳工联合会的全国委员会否定了这个尚处于萌芽阶段的政党。早在1948年，隆巴多和他的几个同伴就被开除出了劳工中心，因为他们坚持不懈地努力组建新政党。

经过一年半的全国性讨论和筹备，1948年6月20日在墨西哥城举行的成立大会（Constituent Assembly）上组建了人民党。该党的创始人和早期的成员体现了墨西哥左翼势力的全貌，其中包括许多在工人和农民运动中有着长期经验的人，如文森特·隆巴多·托莱达诺、亚历杭德罗·卡里略、哈辛托·洛佩斯、维达尔·迪亚兹·穆尼奥斯（Vidal Díaz Muñoz）、拉扎罗·卢比奥·菲利克斯（Lázaro Rubio Félix）和胡安·曼努埃尔·伊莱松多（Juán Manuel Elizondo）。其他一些人则在墨西哥的左翼组织中工作了多年，如恩里克·拉米雷斯、拉斐尔·卡里略（Rafael Carrillo）、纳西索·巴索洛斯、迭戈·里维拉（Diego Rivera）、利奥波尔多·门迪亚（Leopoldo Méndea）、鲁道夫·多兰蒂斯（Rodolfo Dorantes）、何塞·阿尔瓦拉多（José Alvarado）、路易斯·托雷斯（Luís Torres）、何塞·雷维尔塔斯（José Revuerelt）等。上面提到的人中有两个人是革命制度党的杰出成员，迪亚兹·穆尼奥斯是代表，伊莱松多是参议员。此外，革命制度党代表维多利亚诺·安圭亚诺和参议员阿方索·帕拉西奥斯（Alfonso Palacios）也都是创始人。这些人和其他革命制度党成员一起加入了新成立的政党。

人民党是围绕着行动纲领而不是一个明确的理念组织起来的。不管是1948年发表的"历史性的解释和原则"声明，还是通过的纲领，都没有提到马克思主义、社会主义和阶级斗争。因此，成立大会通过的原则声明仅仅表明，人民党是作为继续为实现墨西哥革命目标的斗争工具而成立的。一个新的政党是必要的，因为阿莱曼政权及其政党革命制度党正在放弃革命目标。这些反封建主义、反帝国主义和争取民主的目标包括实现国家经济独立、提高国民生活水平、推动墨西哥的经济发展和实现国家政治生活民主化。

隆巴多和人民党经常不断提及前面提到的革命主题，这也在人民党章程中得到了恰当的总结：

> 党章第四条。人民党将根据《墨西哥合众国宪法》（*Political Constitution of the United Mexican States*）以及据此所建立的国家机构的规定为基础进行公开的活动。它将组织墨西哥人民通过和平斗争的方式争取实现国家的完全独立、经济的发展、人民生活水平的提高、民主政权的扩大、墨西哥人民与世界各国人民的友谊，同时也谋求一个和平与正义的国际环境。

维森特·富恩特斯·迪亚兹（Vicente Fuentes Díaz），人民党的前任官员，后来成了批评家，他对这个漫长的行动纲领的主要特征作了一个恰当的总结：

第一，国家完全独立，排斥一切外国势力干涉该国内政的行为。

第二，打击一切试图使国民经济服务于其他国家的政治经济利益的外国垄断企业。

第三，对外国投资进行管制，防止它们占有国家财富的基本来源。对电力工业和其他公共服务行业进行国有化。

第四，为真正致力于发展有足够潜力满足人民需要的独立经济的行业提供援助。

第五，发展现代化农业。

第六，为农业工人和真正的小农业者提供丰富而廉价的土地、水、金融信贷。

第七，保持劳工运动的独立性且不受政府和任何其他非工会力量的控制，并支持工人为其合法要求而进行的斗争。

第八，保护小手工业者和工匠，促使其劳动形式和手段现代化。

第九，改善军队和青年人的经济、社会和文化状况，尊重他们的政治权利。

第十，实现妇女在政治上与男性的绝对平等，并对其所有需要给予充分且永久的关注。

第十一，捍卫中产阶级的利益。

第十二，统一各教育系统，且各级公共教育的方向是科学和民主。

第十三，保护和增加国家的自然资源。

第十四，就国家而言，通过一项旨在实现经济独立和推动经济蓬勃发展的经济方案和金融方案。

第十五，通过一些长期存在的具有民主性质的政党的干预，建立一个真正民主的政权，使其体现在国家的政治生活和社会生活的所有方面。

对于这一总结，还可以补充一个重要观点，即该行动纲领要求通过国家调控使农业发展和工业发展之间的速度比例保持在合理范围内。

这一行动纲领是相当温和的。实际上，是把国家资本主义发展到高级阶段的纲领。也就是说，该纲领要求国家加大对经济的干预，以促进经济发展，并限制外国帝国主义对墨西哥经济的影响，但它并不要求经济社会化；资本主义仍然是主要的生产方式。同样地，该纲领要求改进墨西哥的政治制度，但它没有谋求在墨西哥建立人民民主制度。它要求改进教育制度，但并不要求教育以马克思主义为指导思想。它力图加强劳工运动和改善工人阶级的条件，但没有把无产阶级专政作为目标。

1948年通过的章程规定，党有地方、市、州和国家等各级别党代会，每个级别的党代会都有相应的执行委员会。国家级别的执行机构，除了全国执行委员会外，还有两个机构：一是全国理事会（National Council），由全国执行委员会成员和各州、各领地和各联邦地区的执行委员会的负责人组成；二是全国政治理事会（National Political Directorate），由全国执行委员会成员的主要成员组成。后者旨在为党的方向提供持久性指导。

政党的选举是间接的。地方党代会选举了地方执行委员会和市级党代会的代表。市级党代会选举市级执行委员会和州级党代会的代表。州级党代会选出州级执行委员会和成为全国党代会的代表，全国党代会选举出全国执行委员会的成员。后者又选举出全国政治理事会的成员。

政党的政治职务候选人由与所选职务相对应的党代会机关进行选拔。

也就是说，全国党代会指定了总统候选人，并批准了该党的竞选纲领。各州的党员提名各自的参议员候选人，各地区的党员选举各地区的局级候选人，依次向下到市级，由地方党员提名市级机关的候选人。州长、参议员和局级候选人必须得到全国委员会或国家级党代会的批准；市政职位的候选人必须得到州级执行委员会的批准。

人民党在几个方面都很新颖。它不是少数几个领导人相互间达成协议的结果；相反，它是在全国范围内进行了近两年的初步讨论和意见交换之后，在墨西哥左翼大部分人的自由参与和一致同意下成立的。人民党是一个独立的左翼政党，在法律上有资格参加选举。这与1910年以来成立的其他重要的、持久的全国性政党形成了鲜明对比，那些政党要么是由政府组建的（如国民革命党、墨西哥革命党、革命制度党），要么是拥有强大财政支持的右翼政党。

人民党成立后，立即对1948年导致比索贬值的国家财政政策提出批评，激起了政府的愤怒。人民党受到了来自四面八方的批评。有人认为它是共产主义的，"被莫斯科黄金收买了"；另一些人则认为，它得到了墨西哥政府的资助。尽管受到了批评，人民党继续通过演讲、会议和小册子等方式向墨西哥人民提倡其行动纲领。

1949年，人民党在大多数州的国会竞选中选入了候选人。然而，只有一名候选人被联邦选举委员会宣布当选。（当时国家行动党有四名候选人当选。）人民党声称发生了大规模的选举舞弊，并抗议公众和革命制度党当局恐吓其候选人和支持者的企图。

1949年大选后，几位杰出的左翼人士退出了人民党。其中包括迭戈·里维拉、纳西索·巴索洛斯和维克托·曼努埃尔·维拉塞诺。里维拉说，此次选举失败是因为隆巴多未能妥善组织好该政党。此外，他还指责隆巴多花太多时间参加外国会议，而不是处理政党在国内的问题。

然而，对于此次选举结果隆巴多并不感到失望。他在庆祝人民党成立两周年的晚宴上发表讲话，解释说：

> 有一点我们已经说过一千遍了，在我们党成立两周年之际将再重复一遍：我们的工作不是为了明天的政权，不是为了现在的政权，也不是为了随后的政权；相反，我们已经建立了一个将长时间存在

的机构；我们自豪地、合法地、幸福地宣布，我们的党是不朽的，因为我们服务于一项永远不消亡的事业——人民的事业，这不是自夸；我们已经确认，那些聚集在这里的人是有着深刻的认识和坚定的信念从而从事这项事业的，他们不是为了个人的野心而来的，如果有人为此而来那么应该消失或离开我们，许多人会取代他们，在墨西哥历史上从来没有过政党像人民党这样能如此迅速地团结一批人……

正因为如此，我们是未来的政党。这一肯定不是为了引起一时的热情；这是现实。我们正通过克服巨大的困难在墨西哥的生活中组建一个永久性的政党，直到我们的国家能够得到自由、完全独立及其人民能够幸福地生活。这是我们党的目标和宣言。

1951年12月，人民党选举隆巴多作为1952年总统选举的候选人。选举的过程基本上是对1948年通过的政党纲领的再次声明。

隆巴多在墨西哥进行了一次大范围的演讲之旅。他的部分开支来自听众的捐款资助。据人民党估计，在他竞选期间举行的100场会议和集会中，总共有120万人听到了他的演讲。据估计，出席他在墨西哥城的中心广场沙瓜洛（Zócalo）的演讲的就有15万人。

在竞选期间，有人试图统一左翼政党来反对革命制度党和国家行动党的候选人。然而，人民党和米格尔·亨利克斯·古兹曼将军（General Miguel Henríquez Guzmán）领导的普韦布洛政党联盟（Federación de Pardidos del Peublo）之间未能达成协议。在给媒体的一封信中，墨西哥共产党秘书长迪奥尼西奥·恩西纳斯将失败归咎于这些政党拒绝将国家利益置于个人私利之上。另外，人民党声称谈判失败是因为在谈判中古兹曼拒绝接受他和隆巴多退一步为第三个候选人（将被选出）让位，同时他领导的政党拒绝接受把对某些行业进行国有化当作两党统一的行动计划。

前总统拉扎罗·卡德纳斯没有正式地支持任何候选人。然而，当隆巴多在卡德纳斯的家乡米却肯州的一次会议上发表讲话时，他确实同台发表了讲话。卡德纳斯没有给任何其他候选人提供过同样的帮助。

7月选举的最后官方结果如下：阿道弗·鲁伊斯·科尔蒂内斯（Adolfo Ruíz Cortines）（革命制度党候选人）2713419票；米格尔·亨利克

斯·古兹曼将军（普韦布洛政党联盟的候选人）579745 票；埃夫雷恩·冈兹莱兹·卢纳（Efrain González Luna）（国家行动党候选人）285555 票；文森特·隆巴多·托莱达诺（人民党候选人）72482 票。人民党（以及其他被击败的政党）声称此次选举存在欺诈行为。据隆巴多说，他实际获得的选票数最保守的估计是 100 万张。

人民党声称，此次选举带来的最大好处是它获得了与墨西哥全国各地的人民进行亲密接触的机会，并且由此树立了"工人阶级捍卫者"的形象，因此人们可以区分它与别的政党的定位的不同。

隆巴多在总统阿道弗·鲁伊斯·科尔蒂内斯上任不到三周时，与他进行了两个小时的会谈。之后，隆巴多宣布他支持鲁伊斯·科尔蒂内斯的施政纲领，他说该纲领与人民党的纲领具有一致性。后来，他解释说，他之所以从反对派转变为现政权的支持者，是因为"（鲁伊斯）科尔蒂内斯采纳了反对派的想法"。显然，隆巴多的策略仍然是继续团结各种革命力量对抗反动派，因此，在与鲁伊斯·科尔蒂内斯会面后，他说："我竞选总统的主要目的是促进墨西哥的经济、社会和政治局势发生变革。如果墨西哥正发生我所期望的这种变化，我认为我的努力并没有白费。现在我们国家正要开始实行一项新政策，把革命力量团结起来的目标是可以实现的，而这个目标在过去的几年里遭到了严重破坏。"

人民党自其成立以来积极地参与许多领域的活动：参与竞选活动、研究国家和国际问题、起草国家方案以及对墨西哥人民进行政治教育等。然而，该政党受到内部纷争和分裂的威胁。

据前人民党成员维森特·富恩特斯·迪亚兹所说，1952 年之后，该党开始从"组织上"和"政治上"进入了衰退期，到达了真正的危险期。然而，隆巴多向作者宣称，该党的问题并不像富恩特斯·迪亚兹所暗示的那么严重。该党是进入了一个"休息，活动很少但没有危机"的时期。这段时间的不活跃是该党作出巨大努力竞选后的自然反应，那种努力实际上超出了一个新近成立的政党的能力。

富恩特斯·迪亚兹认为，该党的问题是在组织方面和纪律方面缺乏凝聚力，这是因为没有给出一个明确的马克思主义理论作基础，而围绕这个理论基础是可以对党员进行教育和组织好纪律的。

事实上，地方党代会在理论上和战术问题上都有着太多的自由裁量权。此外，富恩特斯·迪亚兹抱怨说，虽然隆巴多允许党内其他成员自由地发表意见，但隆巴多仍然控制着该党的话语权，因为大多数党员都毫无疑问地接受了他的意见和决定。

据富恩特斯·迪亚兹所说，比起围绕着马克思主义理论形成具有凝聚力的党组织，党内有些人则试图维持围绕着一个纲领所形成的松散的党组织。他着重批评了维达尔·迪亚兹·穆尼奥斯，后者认为人民党形成的根本的社会基础应该是农民。（事实上，农民在人民党中的人数比重超过60%。）富恩特斯·迪亚兹、恩里克·拉米雷斯和鲁道夫·多兰蒂斯都认为，人民党的主要组成部分应该是无产阶级。根据富恩特斯·迪亚兹的说法，隆巴多没有反驳迪亚兹·穆尼奥斯的观点，而是默默地接受了他的观点。这场争论背后的问题至关重要：哪个社会阶级最适合控制国家权力并使墨西哥社会主义化，是无产阶级还是农民。

1955年，人民党采纳了隆巴多的建议，把科学社会主义作为党的理论基础，按照党的原则教育党员。富恩特斯·迪亚兹赞同这一做法；但是，他抱怨说，受隆巴多的影响，他认为的人民党中最坚定的马克思主义者拉米雷斯·拉米雷斯和鲁道夫·多兰蒂斯被排除在了该政党的领导人之外。人民党继续维持着"一种越来越促使其走向危机和解体的内部局势"。

隆巴多则声称，在他看来，如果人民党最初就是一个公开的马克思列宁主义政党，那么它就无法合法地登记为政党。事实上，它是围绕着一个纲领所形成的组织这点吸引了更多人的加入，如果它是围绕着一种意识形态所形成的组织，那么情况就会有所不同。1955年，受实际政治经验的影响，党的内部动力促使党接受科学社会主义（马克思列宁主义）为理论基础，接受实现人民民主和社会主义为实践目标。简而言之，隆巴多认为，党员的真实经历向他们证明了接受马克思主义作为思想和行动指南的现实必要性。因此，比起1948年人民党刚成立时就正式地（而不是表面地）高举马克思主义，现在的人民党及其成员在政治方向更加坚定。

隆巴多原则上不愿把人民党建立在农民的基础上。农民在人民党成员中的优势地位，只是生活中人民党的一个现实状况。该党积极地寻求方法扩大工人阶级的基础。墨西哥唯一能够建设社会主义的阶级是无产阶级。

根据隆巴多的说法，拉米雷斯·拉米雷斯等成员的批评方式是机会主义和分裂主义的，这给人民党造成了很大的损害。野心勃勃的拉米雷斯和其他一些人是因为他们的派系主义而被开除出党籍的。

隆巴多在1955年4月提出的各项建议中表明了他的立场，而同年11月举行的该党的第二次全国大会上接受了这些建议。墨西哥已经到了发展革命的阶段，人民党有必要声明它的目标是建立一个人民的民主制度，以此作为一个墨西哥最终走向社会主义的步骤。隆巴多说：

> 再次将墨西哥革命向前推进是必要的和紧迫的。
>
> 寄生虫似的资产阶级所建立的政权在近些年来统治着墨西哥，这些政权是失败的，对此我们颂扬建立一个不同的政权，即我们在1952年竞选时所倡导的政权。我们在竞选巡回演说中所设想的政府制度，其一以贯之的、中心的和基本的思想是：墨西哥需要一个民主的、反帝国主义的政府，这个政府的根本基础是工人、农民、中产阶级和爱国的实业家……
>
> 我们想要的政府类型是什么样的呢？
>
> 一个人民民主制度！

工人阶级要领导革命和新政权的建立。隆巴多把人民民主定义为"工人阶级指导的，由工人、城市的资产阶级和乡村的小资产阶级所组成的，不受反动势力和帝国主义所支配的政府"。

人民党需要更加严格的组织和纪律。人民党最初是一个有着不同意识形态观点的联合政党。现在，必须巩固和明确人民党的立场。他重申，科学社会主义（马克思列宁主义）应该作为人民党的思想和战术指南。墨西哥人民的教育应按照其原则进行。反帝国主义的斗争应当继续成为人民党存在的理由。

必须在墨西哥和平地实现人民民主。使用暴力方式改变社会的秩序，将导致美帝国主义对墨西哥进行干涉并建立一个镇压性的反动政权。因此，选举竞争——尽管不是自由的——对墨西哥是非常重要的。特别敦促人民党参加市政委员会（市议会）的选举，因为这些政治机构与群众有着直接和间接的接触。

1956年，隆巴多利用苏联共产党第二十次代表大会报告的主题来强化他先前对社会主义过渡性质的看法。该报告支持他的观点，即向社会主义的过渡可能是和平的，也可能是暴力的（"通往社会主义的道路很多"），过渡必须来自全国性的民众运动，而只有当国家处于工人阶级的控制之下时，才能真正实现向社会主义的过渡。隆巴多认识到该党的弱点，他说，这主要是由于该党成员和全体墨西哥人缺乏政治教育。这个缺点必须克服。

1957年，人民党废除了间接选举党代表的制度，改为由基层党员团体或地方党员团体直接选举所有主要党代会的代表，包括市党代会、州党代会和全国党代会的代表。因此，人民党在组织方面变得更加强大和民主。

同年，人民党制定了一项计划专门研究墨西哥问题，对墨西哥所面临的所有问题进行广泛的讨论。探讨问题的关注点包括国际和平、经济发展、外国投资、土地改革、工业化、教育和政治民主等。总共提出了250项一般性的和具体性的改革建议。

这项研究并不要求墨西哥社会主义化。相反，它为发展一种非常先进的国家资本主义提供了条件，在这种资本主义中，国家政府将直接指导国家的发展，并拥有许多基本资源和工业，但也允许本国和外国的私人进行投资（后者受到严格的控制）。因此，该研究并没有远远超越1948年人民党所提出的计划。然而，比起1957年的计划，该研究的论点要详细得多，也要求对资源和工业实行更大规模的国有化。

1960年10月召开了人民党的第三届普通党员全国大会，通过了关于人民党的方针和组织结构发生重要变化的决议。人民党更名为社会主义人民党，成为一个更加坚定的和公开的马克思列宁主义政党（如正式采用辩证唯物主义为哲学指导思想），是一个追求人民民主和社会主义建设的政党。组织结构也变得更加强大和民主。关于党员政治教育的深入开展有了明确的规定。

人民党的全国委员会宣布，为了使该党在思想上更灵活、更有纪律、更有能力，并给它一个比过去更实际地看待现在、更乐观地看待未来的行动纲领，这些改革是必要的。

对于人民党的更名事宜，全国委员会声称："当我们提议人民党更名为社会主义人民党时，我们只是确信想组建一支由相信科学社会主义理论的公民组成的队伍，他们可以将自己转换为国家工人阶级的先锋，他们通过阶级意识教育应该能够变得强大而坚定，因此能够使无产阶级完成它应该完成的历史使命。"

人民党新的基本方针和目标包括：以辩证唯物主义为指导，研究国家和国际问题；坚持追求无产阶级国际主义，同时保持党完全的独立性；接受党内民主集中制；支持政府在基础工业的国有化方面所采取的措施，以便实现民族独立和脱离帝国主义的控制；增加服务业和基础制造业；在各政党开展竞选活动和监督选举廉洁的自由行动的基础上加强政治民主；市政府完全独立；通过修订政府的税收和其他经济政策，更公平地分配财富；把工人、农民、小资产阶级和民族资产阶级自由地团结联合到一起，使他们变成争取墨西哥独立的全国统一战线的成员；把墨西哥所有信仰马克思列宁主义的政党统一为一个政党；支持政府的积极行为，批评其消极行为；在墨西哥建立人民民主制度；以及从现在到社会主义建立的过程中，不断扩大墨西哥的民主。

新的政党纲领在很大特点上体现了1957年5月对墨西哥问题的研究结果。但是，新的提议更加简洁明了，对国有化的要求更加广泛和明确。简而言之，该纲领为实现社会主义人民党的近期目标提出了建议：使墨西哥从经济上和政治上完全独立于帝国主义；对墨西哥主要的自然资源、基础工业和公共服务实行国有化；扩大政治民主，包括在所有选举机构中采用比例代表制；尊重个人权利和社会权利；逐步提高墨西哥人民的物质文化生活水平；以及更加公平地分配财富。

1957年的新党章保持和扩大了民主集中制原则，并纳入人民党的组织结构中。党的组织机构有地方单位组织、各自治市的地方单位组织的大会、各州、各领土地区和联邦区单位组织的大会和全国单位组织的大会。（因此，党的地方单位组织的党员直接选举从地方到国家各级党的全体会议的代表。）每一单位组织和每一大会选举其相应的执行委员会。全国党员大会是党的最高立法机关，选举党的中央委员会（代替原来的全国委员会）。中央委员会是党的执行机关，选举国家执行委员会由秘书长和组织事务秘书、工会事务秘书、农民事务秘书、外交事务秘书、政治教育事务秘书、新闻事务秘书、选举事务秘书、财政事务秘书等共 9 个秘书组成。

根据民主集中制的原则，这些章程要求在党内进行自由讨论和批评，同时加强党的纪律。少数人必须接受党内多数人民主地表达的意志；必须避免分裂的党派主义。此外，对党费进行了修改和简化。每个党员必须支付相当于其月收入 1% 的配额。负担不起这一限额的成员以及失业的家庭主妇必须每月至少支付 3 比索。农民可以推迟到收获季节再缴纳他们的党费。最后，所有党员都必须学习马克思列宁主义。中央专门设立"群众学校"和"干部学校"，开展思想政治教育。

1961 年 4 月，在社会主义人民党中央委员会发布的一份报告中，隆巴多规定了政党职位候选人应具备的政治素质：

> 现今对候选人的选拔应该比过去更加严格。
>
> 政党候选人应具备的最低素质是：（a）思想忠诚；（b）被证明有战斗力；（c）具有在国会中为社会主义人民党的原则、方案和倡议辩护的能力，并驳斥与该党相反的代表的意见和提议；（d）严格遵守党的全国执行委员会的指示，准时支付该党规定的党费额度。

社会主义人民党继续参与地方、州和全国的选举。一些社会主义人民党候选人已被选入市政和州的办公室。社会主义人民党从未控制过市议会或州立法机构，也从未出过一名议员担任州长。在 1955 年的国会选举中，该党提名了 66 个候选人竞选众议院的 162 个席位。其中 1 名候选人被联邦选举委员会宣布当选。作为对受控选举的抗议措施，该党拒绝让成功的候选人接受该席位。然而，这位候选人坚持要进入国会，结果被开除了党籍。革命制度党在议会中只赢得了 9 个席位。

在 1958 年的选举中，人民党提名了 69 名候选人竞选众议院的 162 个席位和 21 名候选人竞选参议院的 60 个席位。该党没有提名总统候选人，而是指示党员投票给革命制度党的候选人阿道夫·洛佩斯·马特奥斯。隆巴多说，这样做是为了确保洛佩斯·马特奥斯得到革命力量的统一支持。人民党预计，马特奥斯将是一位温和进步的总统。人民党拒绝了墨西哥共产党对其总统候选人米格尔·门多萨·洛佩斯（Miguel Mendoza

López）的支持请求，那是一位74岁的非党派律师。

选举结果与1955年相似。一名人民党候选人被宣布当选；该党拒绝让这位候选人接受该席位，并在她坚持时将她开除出党。革命制度党赢得了参议院的所有席位和众议院的153个席位。（国家行动党赢得了6个席位，两个小党派各获得1个席位。）

在1961年的国会选举中，社会主义人民党提名了88名候选人竞选众议院的178个席位。社会主义人民党的竞选活动在下加利福尼亚州、杜兰戈州、格雷罗州、哈利斯科州、米却肯州、纳亚里特州和联邦区开展得最为积极。联邦选举委员会认可社会主义人民党有一位获胜的候选人，并获得1.9%的选票。（国家行动党获得了11%的选票。）社会主义人民党和国家行动党都指控选举存在欺诈行为。

据隆巴多说，社会主义人民党的党员人数从1948年该党成立以来稳步增加，1952年大选后不久已达到20万人。自那时以来，成员数目人数大致上保持不变。然而，在人员的构成上有变化。农民身份的党员56%—58%，但也有更多的工人和青年加入了该党。后者被组织起来称作社会主义青年（Juventud Popular Socialista）。成员们的思想成熟程度越来越高。然而，党员的政治教育仍是该党内的重大问题，这是一项十分艰巨而又进展缓慢的工作。

在第三次全国代表大会通过该党的方针和结构改革以来，人民党得到了发展。在以前不存在的地方出现了新的党员地方组织单位，成立了相应的新的州委员会。许多最初的创始人和其他退出该党的老党员重新加入了该党。

自1958年以来，墨西哥的骚乱和遭受到的批评越来越多。劳工联盟和农民的战斗性已经恢复，后者有时甚至会爆发武装暴力。罢工次数变多了；发生了严重的学生示威活动。

墨西哥政府以镇压和让步来回应罢工和骚乱。1958—1959年的铁路罢工被军队镇压，许多左翼的工会和政党领导人被监禁，激进的工会领导人被政府爪牙取代，农民领袖遭到暗杀。与此同时，洛佩斯·马特奥斯政权为墨西哥革命提供了新的动力。该政权增加了分配的土地，扩展了灌溉工程和水电工程，收归了许多重要的工业使之成为国有，在国际问题上，坚持了国家自主权（对古巴革命产生了重要的积极影响）。

▶▶ 托莱达诺：墨西哥马克思主义者

　　社会主义人民党一方面鼓励了不断增加的战斗，另一方面也批评了使用的一些策略。根据社会主义人民党的说法，其要达到的首要目标是，工人阶级内部的革命性统一和工人阶级与其他反帝国主义的人民和团体之间的革命性统一。然而，经常使用的策略，如在铁路罢工和全国教育工作者联盟第九分会的行动中所采取的策略，是无政府主义和机会主义的。如前所述，尽管政府宣布罢工是非法的，但当工会领导人坚持罢工时，铁路工人工会被政府粉碎了。当全国教育工作者联盟第九分会的激进领导人企图篡夺整个组织的领导权时，全国教育工作者联盟的国家干事将他们从工会的职位上撤下。在这两起事件中，普通工会成员都感到了不满和失望。因此，根据隆巴多和社会主义人民党的说法，这些领导人所采用的策略是为了分裂，而不是为了工人阶级的统一。

　　为了坚定自己的信仰和表达墨西哥人民对古巴革命的极大同情，社会主义人民党坚决捍卫古巴革命。1961年4月，在美国发起的入侵古巴的行动中，该党请求（但被拒绝）墨西哥政府允许其派遣志愿者去保卫古巴。

　　1962年9月7日，社会主义人民党的全国执行委员会发表了关于古巴局势的声明。该声明说，美国正在准备对古巴发动新的侵略。该声明注意到了美国政治家发表的好战声明。有人指出，肯尼迪总统关于美国"在这个时候"不会入侵古巴的声明意味着美国将在适当的时候入侵古巴。该声明进一步呼吁关注古巴反革命分子的侵略行动，这些行动是在美国和一些中美洲政府的援助和支持下进行的。

　　鉴于这些事件，全国执行委员会声明：

（1）帝国主义对英勇的人民和古巴人民的任何直接或间接的侵略，都将被拉丁美洲全体人民视为对他们所有人的侵略。

（2）墨西哥总统阿道夫·洛佩斯·马特奥斯9月1日在他的第四次政府报告中确认，古巴人民有能力依靠自己选择自身的道路和构建自身的命运。

（3）古巴是受侵略的而不是侵略者，因为这是北美的美国政府所希望的。

（4）对古巴的侵略将意味着第三次世界大战的开始，这是帝国

第八章　社会主义人民党

主义在绝望中发动的。

该声明接着呼吁为了团结古巴人民成立一个全国的民主战线。它呼吁总统阿道夫·洛佩斯·马特奥斯利用他的影响力，避免对古巴进行新的侵略，并防止居住在墨西哥的古巴反革命分子从事颠覆活动。

该声明的最后一段是这样说的："帝国主义国家宣布在古巴局势中他们可能被推得太远，我们说，爱好和平的人民可能被帝国主义推得太远。"

此外，全国执行委员会向社会主义人民党的所有机构和成员发出了"紧急通知"。该通知（上面引述的声明附于该通知）要求社会主义人民党成员采取具体行动支持古巴革命。墨西哥所有支持古巴革命的民主政治、社会和文化组织将传播全国执行委员会关于古巴局势的声明。一场由信件、电报和会议组成的运动开始敦促阿道夫·洛佩斯·马特奥斯总统，继续支持不干涉古巴的原则，将举行一次又一次的会议来解释古巴的局势。最后，各党代会和党员应随时向全国执行委员会通报他们的活动，并保持警惕，侦察所有关于古巴的亲帝国主义的和反革命的活动。

为了建立全国反帝国主义统一战线，社会主义人民党试图在墨西哥左翼政党内部实现统一。1960年，墨西哥有三个主要的左翼政党：社会主义人民党、墨西哥共产党和农民工人党（Partido Obrero Campesino，POC）。最后一个政党是在20世纪40年代早期从墨西哥共产党内部分裂而来的。多年来，社会主义人民党一直在寻求这三方之间的联盟；1960年，才恢复了严肃的谈判。1962年春，社会主义人民党和墨西哥共产党之间终于就整合统一问题达成初步协议。然而，两个政党间仍然存在分歧。两个政党定期交换批评意见，社会主义人民党指责墨西哥共产党忽视了在研究和讨论国家问题和国际问题上的合作，而墨西哥共产党则指责社会主义人民党成员是机会主义者和修正主义者。社会主义人民党则表示，墨西哥共产党在其大部分历史中持续使用极端的托洛茨基主义和分裂策略，这不利于革命的统一。尽管如此，社会主义人民党表示，为了革命的统一，它仍然寻求与墨西哥共产党达成协议。

1961年，墨西哥左翼内部出现了新的不团结因素。同年3月，拉美经济解放、国家主权与和平会议（Latin American Conference for Economic

Emancipation, National Sovereignty and Peace）在墨西哥城举行。会议组织了民族解放运动（Movimiento de Liberación Nacional, MLN）作为墨西哥的一个常设机构，用以传播会议的各项决议，并促进墨西哥境内所有反帝国主义人士和组织的活动。

社会主义人民党希望民族解放运动成为整个左翼的协调委员会，即成为由墨西哥主要左翼政党和民间组织的代表组成的民众组织。然而，社会主义人民党指责民族解放运动不接受这种有机的、功能性的表现形式，而是将自己构建为一个"具有独立的附属关系和集中指导方向"的组织。因此，民族解放运动实际上只是另一个墨西哥政党；它并不真正代表统一的墨西哥政党；它并不真正代表墨西哥左翼联盟。隆巴多对作者说，这是一个"没有任何前途"的政党，由居住在墨西哥城的知识分子组成，他们与大众没有任何的联系。社会主义人民党拒绝参加民族解放运动，并且拒绝自身成员有权成为该运动的平行成员。

社会主义人民党继续争取革命的民众团结和实施其计划纲领。隆巴多在1957年对这个计划纲领作了最好的总结。他以一种尖锐而有力的方式概述了未来的计划和策略，理由是为了促进赢得完全的国家独立、更高的生活水平和政治民主，墨西哥必须：

1. 阻碍土地的集中。摧毁大庄园，不管他们从事什么活动。全面推进土地制度的改革。从财政上和技术上把村社、殖民者、中小型农业家组织起来。开辟新的种植区，解决农村就业难问题。通过各种手段，如提升农产品的价格保护和农村人口的生活水平，这不仅是作为正义的基本原则，更是因为国家的工业化取决于国内市场的增长，而国内市场代表了本国大多数活跃的人口。

2. 将农业和畜牧业定位为满足人民和民族工业的必需品而不是获取利润优先，因为后者会将农业和畜牧业生产转化为国外市场的补充，特别是对墨西哥北方邻国的市场。

3. 将基础工业——电力、煤炭、钢铁和化学工业——国有化（石油工业已包括在内），使其发展方向完全符合国家经济发展的目的。在实现这一目标的同时，国家应成立联邦电力委员会，并在其周围设置设施。联邦委员会应建立自己的分销网络，并停止向私营企业出售其生产的能源。它应要求私营企业履行其所在地区的特许权所规定的职责以及各自法律的义务。把煤炭、基础化工、钢铁等行业作为公用事业，规划和控制其发展，防范外资介入这些分支机构。

4. 加快制定规定外国投资的基本条件的法律，包括私人贷款、国际机构贷款和直接投资。这些（外国投资和贷款）应仅在事先授权的情况下允许。那些增加国民收入的应该被接受。它们不应与有能力或可能满足国家需求的国家机构竞争。应当防止那些谋求开发不可再生资源或致力于国民经济的关键产业的企业。

5. 保护民族工业不受外国工业的内外竞争，并为其发展提供必要的信贷。

6. 将信贷国有化，即有义务使州和国家银行系统的信贷流向农业和工业，并动员官方和私人信贷机构中不活跃的资金。

7. 建立外汇管制。

8. 没收和国有化公共服务垄断行业。

9. 制定税收政策，刺激生产性投资，并对不必要或多余的投资和支出设置障碍。

10. 对所有企业的利润进行限制，并规定利润中有义务必须再投资于自己的活动或政府授权的其他活动的比例。

11. 建立国家价格调控体系，促进生产，防止中介的滥用，保护广大消费者。

12. 根据《宪法》第123条的精神，改革确定最低工资的现行程序，使之成为一种真正的、至关重要的工资，足以满足工人家庭的主要需要。

13. 建立工资和养老金的浮动比例制度，使必要消费品价格每上涨5%，工资和养老金就自动增加。

14. 扩散对外贸易，将我们的产品运往价格最适合的市场，并在对墨西哥最有利的市场购买产品。

15. 修改宪法，建立一个选举制度促进创建政党的权利和保障政党永久性存在的权利。在民主和公平原则的范围内，在全国统一各政党参加选举的要求。对市民进行永久的及不可伪造的民意调查。

▶▶ 托莱达诺：墨西哥马克思主义者

创建政党有效参与监督选举进程的机制。建立一种比例代表制，与市议会、州议会和联邦国会两院的制度结合在一起。

虽然这不是隆巴多的最新声明，他提出的这 15 个要点是一笔宝贵的政治遗产。墨西哥必须决定它是否希望在未来接受这些观点的指导；隆巴多认为，另一种选择是极端的：

不用这些原则和方法指导墨西哥的经济、政治与社会生活，墨西哥唯一的未来是变成围在美国周围的卫星国之一，因为一个永远饥饿的人会慢慢失去其人格，墨西哥会变成由对国家的紧急情况越来越麻木不仁的少数人统治，他们是外国人的仆人，同时墨西哥工业只会存在于政治之中，沦落到指挥它的人通过占有国家财政收入富裕起来，这是以牺牲大多数人的福祉和国家独立为代价的。

第九章　总结和结论

维森特·隆巴多·托莱达诺一生致力于推动墨西哥革命的进程。作为20世纪一二十年代的年轻人，隆巴多首先是墨西哥正在发展的国家资本主义制度的支持者，这种制度是1910年开始的革命结果。作为20世纪20年代劳工运动的领导者，隆巴多改变了自己的观点，成为第二国际传统的进化的社会主义者，继而成为马克思主义的社会主义者。隆巴多在20世纪20年代后期成为马克思主义者，当时革命改革的进程已经达到了自革命的纯军事阶段结束以来的最低点。他认定革命的主要目标——获得经济独立，通过发展经济为所有墨西哥人提供更高的生活水平，公平地分配财富和实现政治民主——是可以实现的，只有当对墨西哥的生产资料所有制、交换和分配制度实行社会主义制度，且有计划地让墨西哥人有机会开发作为人类的所有潜力。

作为马克思主义的社会主义者，隆巴多对墨西哥革命进行了广泛的正面分析和负面分析。隆巴多说，墨西哥革命是一场资产阶级的民主革命。但它与19世纪的资产阶级革命并不完全相似，因为它除了具有民主和反封建的特点外，本质上也是反帝国主义的。

隆巴多认为，墨西哥革命取得了很大成就。墨西哥不再是昔日落后的农业国。半封建庄园制度遭到破坏，土地被大规模地重新分配。政府的刺激政策和水电工程推动了农业的发展，特别是棉花和咖啡等经济作物的发展。与1910年的水平相比，农村购买力有所提高，从而刺激了工业生产。工业化发展如此之快，以至于1950年工业生产总量超过了农业和矿物生产的总和，建成了国家电话电报网络和公路网络。

▶▶ 托莱达诺：墨西哥马克思主义者

　　1917 年的《宪法》规定，国家进行土地改革和开垦底土的权力等领域进行大量干预，从而对自由主义的经济理论和财政理论的应用作了限制。此外，《宪法》宣布，私有财产不是一项固有的权利，而是可以根据社会需要加以修改的权利。

　　在这些基础上，国家扩大了它的职能，以至于今天墨西哥的社会财产结构可以被指定为达到了国家资本主义的程度。墨西哥政府干预经济，以刺激生产，并在没有私人资本的地方提供资本。国家现在拥有许多产业：电力、石油、石化、煤矿、铁矿、大部分钢铁工业、铁路、部分民用航空、全国大部分电信和一些工厂等。国家已进入了银行业领域，设立了国家中央银行、工业投资银行和向农民、城镇和州政府提供贷款的各类银行。

　　在教育方面，农村和中学得到创建和扩建，并于 1937 年成立了国立理工学院（National Polytechnic Institute）。宪法禁止宗教团体建立或指导小学。1925 年，墨西哥成立了政府雇员的民事养老金管理局（Civil Pension Administration），1944 年成立了墨西哥社会保障局（Mexican Social Security Institute），从而进入了社会保险领域。

　　隆巴多说，尽管革命取得了进展，但革命尚未完成，因为革命的所有最初目标尚未实现。这场革命的缺点很多。墨西哥人口的增长有可能在未来超过其经济发展的速度。隆巴多说，从经济上看，墨西哥是一个被占领的国家。它的侵略者主要是美国的资本家及其同伙。这些外国利益集团控制了一些墨西哥最宝贵的资源，特别是矿藏资源，但这些外国利益集团却受到了新闻界和政府的欢迎和赞扬。他们控制着这个国家的对外贸易，而且他们越来越多地涉足制造业。美国在墨西哥的总投资中，更大的比例是在制造业，而不是传统上占主导地位的采矿业。这些外国垄断企业利用其巨大的资源，与墨西哥本土企业展开殊死竞争，争夺国内市场的控制权。

　　墨西哥国家资本的形成过程受到了阻碍。隆巴多声称，由于不受国家法律的限制，外国公司将 80% 的巨额利润转移到了国外。为了获得在外国购买产品特别是资本货物所需的外汇，墨西哥发展了供出口的经济作物的生产——这损害了国内市场对农产品生产的需求。他认为，出口商品价格的波动（这些价格是由国际垄断企业和外国政府制定的）导致国际收支危机和墨西哥比索贬值,其后果是不利于国民生活水平的提高和国家经济的发展。墨西哥目前之所以能免受更大的国际收支危机,是因为两项在该国内的意外支出的增加:美国游客的支出和从美国返回的墨西哥的农场工人的支出。以这种方式得到的这些开支(这些开支是墨西哥无法控制的,并正出现了波动和减少的趋势)增加了墨西哥经济对美国的依赖性,使它受到粗鄙的"美国化"的影响和蒙受羞辱性的(在大多数情况下只是暂时的)国家生命力的损失。墨西哥的国际收支问题导致美国垄断了墨西哥四分之三以上的对外贸易。

隆巴多感到遗憾的是,土地改革只完成了部分。土地、水、信贷和机器的供应以及科学程序的传播不足以满足大多数墨西哥农民的需要。新的灌溉土地中最好的土地被分给了政治上最受欢迎的人,从而替代了缺位的资本主义地主。在他看来,地方和州的政治领袖们已经腐化了,且控制了村社的治理。大多数农村人口遭受着可怕的贫困,几乎没有立即得到改善的希望。农村工业产品的市场很小,而且停滞不前。尽管现代的、进步的农业是国家有效工业化的必要条件,但这种情况仍然存在。

墨西哥工业运作受到了严重的阻碍,这些阻碍包括缺乏广泛发展的重工业,因此需要进口资本货物,外国产品充斥着国内市场,以及国内市场购买能力有限且缺乏弹性。农业和工业生产的发展之间没有协调,而这对健全的经济增长至关重要。

信贷的便利性不足(特别是无法满足村社成员和小农的信贷需要),而且信贷在很大程度上专门从事商业贷款和高利贷。

隆巴多警告说,国家的财富分配正变得越来越不公平。实际工资正在稳步下降,而少数与北美企业有关联的个人或处于能够控制国家财政和行政资源的政治职位的人却在背后获得了巨额财富。

隆巴多抱怨说,尽管受他影响的墨西哥工人和农民总工会仍一直保持着独立性,但是政府已经介入劳工运动,用政府傀儡取代激进的工会领袖。其结果是严重分裂了劳工运动,并鼓励滋生了工会领导中的腐败、改革主义和机会主义。改革派领导人阻挠工人们为实现真正的经济利益和组织统一的激进的劳工运动所进行的努力。

墨西哥的教育有许多缺陷。神职人员违反宪法规定,重新获得了在教育方面的影响力。他声称,墨西哥的教育方向缺乏适应墨西哥需要的科学教育方法。美国的方法和制度（如高中）被照搬到墨西哥，而没有考虑到墨西哥的实际需要，也没有考虑到美国教育的缺点和混乱。墨西哥不同层次的教育（小学、中学、预科和大学）缺乏计划和目标的整合。教师通常训练不足，报酬不足。由于这一职业缺乏吸引力，许多有能力的人要么避免教书，要么仅仅把教书看作通往更高职位的垫脚石。教育设施严重不足，特别是在农村地区。墨西哥模仿美国，在全国各地建立了许多大学；然而，这些大学的大多数机构并没有足够的设施和人员得以被视作真正的大学。几乎一半的人口是文盲，其余的大部分人的受教育程度很低。

此外，他深信政治是彻底腐败的。酋长制和军事独裁者的统治比比皆是。所有选举都由官方的政党革命制度党控制。市政委员会、州议会、州长和国会等都是任命的而不是选举产生的机构。因此，总统（履行国家领袖的职能）和内政部长任命墨西哥所有主要的办公室负责人；由于选举具有欺骗性，而且公职人员不代表人民，墨西哥民众已经对选举失去了兴趣，所以较小的领袖（如州长）任命较小职位的持有者。正义是可以被买卖的。腐败蔓延到整个政府，甚至延伸到国家最高法院。

为了能有一个有效的斗争机构解决墨西哥自身的问题，隆巴多带头组建了人民党。该党成立于1948年，最初的组织相当松散，围绕的是一个纲领，而不是意识形态。从成立起，通过不断的变革，逐渐明确了党的指导思想，加强了党的组织建设。1955年，该党把建立人民民主制度作为其目标，而人民民主制度是墨西哥社会主义建设的基础。1957年该党采用了民主集中制原则。1960年该党采取了几项重要举措，包括正式以马克思列宁主义原则作为该党实际行动的意识形态上的思想指南，细化党组织的民主集中制原则，把党的名称改为社会主义人民党。

宣称拥有20万成员的社会主义人民党，是墨西哥主要的左翼政党。其他的左翼政党包括墨西哥共产党、农民工人党和最近组建的民族解放运动。这些政党最近试图实现统一，但基本上没有成功。民族解放运动成立于1961年，旨在充当左翼的协调委员会，但它却将自己变成了另一个政党。尽管如此，左翼政党在统一方面已经取得了一项显著成功：1963年农民工人党与社会主义人民党有机统一起来了。

以反帝国主义为主题的社会主义人民党渴望实现墨西哥革命的传统

目标：民族独立、更高的生活水平和政治民主。为了有一个长期的纲领领导实现这些目标，社会主义人民党寻求在墨西哥建立一个人民民主的制度；反过来，这个制度将成为建设社会主义的一种手段。人民民主的本质特征是在工人阶级代表的领导下，组建由工人、农民、中产阶级、民族资产阶级等的代表所组成的政府。人民民主制度将会迅速发展国家的生产力，为社会主义提供物质基础。当生产、分配和交换的资料等已经成为公共财产时，当社会中人剥削人的制度的最后痕迹已经消失时，当实践中社会的主要目的是允许和提供每个人的能力得到充分发展所必需的条件时，社会主义就实现了。

回顾隆巴多的思想政治生涯，有两个问题是最重要的。为了经济和人的持续发展，墨西哥是否真的需要使其经济社会主义化（在未来某个不确定但不太遥远的时间）？隆巴多所采取的战略战术是否足以实现这一社会主义目标？

如果第一个问题的答案是否定的，那么唯一令人感兴趣的问题是，为什么隆巴多的这种反常思想会在墨西哥出现，以及为什么隆巴多能够围绕他的反常行为形成一场完整的政治运动。如果答案是肯定的，我们必须转向第二个问题，看看隆巴多寻求在墨西哥实现社会主义的目标是否是真正有效的。如果他不是，那么他只是一个滑稽的机会主义者。如果他是，他将毫无疑问地成为墨西哥近代史上的一位杰出人物。

如果这项研究的对象是18世纪的法国雅各宾派（French Jacobin）或19世纪的俄罗斯无政府主义者，那么回答类似的相关问题就相对容易。然而，就隆巴多而言，事实既未证明社会主义在墨西哥是否必要，也未证明隆巴多的策略是否最有效。为了充分地回答这些问题，甚至有必要再写一两卷。

为了经济和人的持续发展，墨西哥必须在未来的某个时候使其经济社会主义化，以便持续其经济和人的发展。这些原因包括资本主义生产方式的特征，其中包含了社会生产与产品的私人占有之间的内在矛盾；20世纪技术的先进性和复杂性要求一个实行工业现代化计划的国家要么已经拥有要么能迅速获得巨大的投资资源、广阔的市场和大量熟练的劳动力；墨西哥经济发展的内部体制障碍主要表现为小庄园（minifundia）和大庄园（latifundia）；以及少数资本主义帝国主义国家对墨西哥的国际贸易和投资的控制，这些国家自己国内也有严重的经济、社会和政治等方面的问题，当这些国家试图解决国内问题时，至少在一定程度上是以具有依赖性的、不发达的经济体为代价的。这些因素的相互作用导致了墨西哥经济的不平衡增长，其中最明显的是农业和工业间的发展的不平衡，财富分配的极为不平等，以及外国资本主义在国民经济中影响的增强。

墨西哥政府通过多种方式抵消经济的不平衡发展的趋势，包括增加国家对经济活动的控制和监管，国有化一些重点行业，对土地进行分配，建设灌溉工程，增加对小生产者和其他农村基础设施的信贷，进行社会改革，如引入社会保障制度等。尽管如此，经济发展的不平衡、财富分配的不均和对外国资本依赖的增加等根本性趋势仍在继续。

随着时间的推移，墨西哥将不得不作出选择，要么实现主要的生产、分配和交换等工具的国有化，并在不受外国控制的情况下规划其经济发展；要么增强对资本主义帝国主义的独立性，作为其维持经济偿付能力和压制民众不满情绪的一种手段。因此，我认为，隆巴多提出的战略是最适合墨西哥工人阶级的，遵循这一战略他们可以实现对国家的控制，以便在墨西哥建立社会主义政权。我们要记住，这个战略是建立由工人、农民、城市小资产阶级、民族资产阶级和掌握国家政权的资产阶级等组成一个统一战线。建立这条战线的一个基本前提，是实现工人阶级内部的革命性统一。这些陈述只是作为读者可能同意也可能不同意的个人观点而提出的。

这里可能需要注意的是，类似隆巴多为墨西哥所提议的反帝国主义统一战线已经在其他国家形成（这只是一点参考信息，并不是墨西哥境内要有这样一个统一战线的证明）。实际上，这是全世界殖民地和半殖民地国家的民族解放运动所普遍遵循的战略。目前，世界正目睹着这样一个战线在越南南部取得辉煌的成功。墨西哥的社会主义道路必须适应墨西哥的特殊国情。

如果我们认为墨西哥必须使其经济社会主义化，并认为建立反帝国主义统一战线是实现这一目标的适当战略，那么就有可能对社会主义人民党所采用策略的恰当性进行一些详细评估。

社会主义人民党的主要策略之一是支持政府的积极行动和批评政府

的消极措施。这种策略似乎是有效的。为了保持对国家权力的控制，革命制度党采取了促进经济发展和防止民众不满的措施。其中的一些措施，例如对重要工业的国有化，有助于为墨西哥向社会主义转型奠定基础。其他的措施则相反，例如鼓励外国在墨西哥投资和获得外国贷款，以便在面对国际收支问题时维持墨西哥的财政稳定，这增强了墨西哥对外国帝国主义的依赖。

政府的一些政策是如何为墨西哥向社会主义过渡奠定基础的呢？将外国资本家或本国资本家手中的财富来源国有化，以及加强国家对经济的控制，削弱了这些资本家在墨西哥国内的经济力量，因此也削弱了他们的政治力量；农民对土地的分割削弱了大地主的经济和政治的权力；对国家控制和社会改革措施的加强，破坏了传统的资产阶级私有财产概念以及个人和国家在社会中的作用；民主进程的改善使左翼政党在工会、国会等所有领域享有更大的自由。资产阶级传统的经济、政治和意识形态力量的削弱，相应地增强了墨西哥的社会主义力量。

值得注意的是，革命制度党采取了诸如此类的改革措施，因为这些措施对于维持墨西哥的经济发展和社会稳定是必要的，同时也是为了保持革命制度党对国家权力的控制。革命制度党改变了部分政策制度使其得以延长对国家权力的控制和墨西哥国家资本主义制度的寿命，从而为未来向社会主义过渡奠定基础。

在支持政府的积极行动和批评政府的消极措施方面，社会主义人民党所做的不仅仅是鼓励改善墨西哥左翼的社会地位。它还支持革命制度党内部那些最赞成这些改革措施的人，并相应地阻止那些希望更多地依靠外国投资和外国贷款来缓解墨西哥的经济和社会问题的人。社会主义人民党认为，革命制度党内许多改革派左翼分子的反帝国主义倾向使这些人成为全国反帝国主义统一战线的潜在盟友。

因此，我们得出的结论是，隆巴多和社会主义人民党所提倡使用的战略和战术是墨西哥无产阶级在争取国家权力的斗争中最适合的。

关于隆巴多的思想，也许我们能提出的唯一真正重要的批评是，隆巴多不加批判地接受苏联共产党的国内外政策和理论路线，这显示出他缺乏知识的完全独立性。如此不加批判地接受苏共的做法和政策，很可能会极大地伤害墨西哥人的感情，因为他们可能已经准备好接受对苏联

▶▶ 托莱达诺：墨西哥马克思主义者

现实的一种同情但却更合理的解释。

在隆巴多的演讲和著作中，他用马克思和恩格斯的关于在工业资本主义社会基础上产生先进的工业社会主义社会的生活特征的理论来解释苏联的生活。他没有解释苏联生活的具体现实，而在布尔什维克（Bolsheviks）控制国家政权的时候，俄罗斯还是一个欠发达的农业国，工业发展程度还不及世界上最先进的资本主义国家。自 1956 年以来，在苏联内部（和在其他社会主义国家）开始了自我批评，隆巴多对此进行了赞美。事实上，此时他对社会主义人民民主国家的生活的评价要更加现实。同时，他对匈牙利革命的评价也是如此。隆巴多的重要观点显然是，他相信，苏联正在实践上直接而迅速地朝着社会主义理论所设想的社会类型的方向发展。也许他觉得过于严厉的批评会损害社会主义力量的团结。

苏联可能正朝着隆巴多所指的方向发展。然而，对苏联自 1917 年成立以来的生活进行彻底现实的评价，似乎将有助于而不是阻碍这一发展。隆巴多对苏联路线的不加批判的接受可能正是他没有对社会科学作出有原创性理论贡献的原因之一。一个人提出的理论上的命题很难既是正统的又具有开创性的。但是，必须指出的是，隆巴多把他的注意力集中在了实现墨西哥社会主义的实际问题上，而不是，比如，马克思主义经济学的理论问题上。

然而，当我们从隆巴多的战略战术观转向社会主义人民党在实践中所采用的战略战术观时，我们发现隆巴多和社会主义人民党并没有彻底地贯彻他们所提倡的战略战术。正如我们所看到的，隆巴多在许多场合指出了政府政策的积极方面和消极方面，并分析了革命制度党作为一个政党的特点。然而，隆巴多通过限制批评的频率，减轻了批评的重要性。此外，社会主义人民党将其最大的关注点放在实现一个与革命制度党的进步分子结盟的具体的改革计划上。这些策略使隆巴多和社会主义人民党在许多墨西哥人看来显得温和而又谨慎。

此外，除了米格尔·阿勒曼总统外，隆巴多很少在公开场合直接批评墨西哥的总统。同时，尽管隆巴多对墨西哥的农业实践进行了大范围的普遍性的批评，但他从未公开特定州或地区的大庄园的确切位置或规模的具体信息，尽管墨西哥工人和农民总工会拥有丰富的此类信息。（社会主义人民党没有将这些信息公之于众，而是私下向政府官员施压，要求他们在特定情况下采取行动。）最后，社会主义人民党在推动公众示威方面受到了限制，但它当然已经推动也参与了许多类似的示威。

为什么社会主义人民党不履行它所倡导的行动呢？我认为，本质上是因为如果社会主义人民党真的严格地执行其策略，它将遭到政府的严重骚扰和镇压。墨西哥的政治游戏要求其参与者在一定程度上循规蹈矩。墨西哥社会学的一篇论文将有助于解释我的观点。

在墨西哥，社会关系的特点是崇尚个人主义或军事独裁（caudillismo）。在社会等级制度中，拥有最微小权力的个人要求并从那些服从他们权力的人那里得到几乎完全的服从和无条件的支持。作为回报，这些个人或首领（caudillos）给予他们的追随者所想要的帮助和保护。小首领服从大首领，如同这些小首领的追随者对自身的服从一样。在最后一个例子中，所有的首领都服从于共和国的总统。想要参与墨西哥的政治游戏，人们必须遵守这一规则。你永远不能对首领直言不讳，尤其是如果对方是总统的话。

社会主义人民党通过调整策略获得了什么好处呢？社会主义人民党可以自由地参加选举，在国会有发言权；因此，社会主义人民党可以在墨西哥人民中传播其理念。它可以保有一所工人大学，且在全国各地设立分校，向工人传授辩证唯物主义和历史唯物主义的知识。它可以控制一个据称拥有30万成员的工会；它可以通过这个工会与其他政党的联盟在墨西哥农民中相对自由地进行运作，并在实践中实现土地分割以及其他的改革。它可以让其成员在改革派控制的工会中担任战略性职务。它可以渗透到政府部门。它可以自由、频繁地与革命制度党的成员交谈，从而影响这些人，并在心理上使他们中的一些人在将来成为一个全国性的反帝国主义统一战线成员的可能做好准备。

也许比上述更重要的是，社会主义人民党的策略使该党保持了一支庞大的党员队伍，且该队伍一直接受马克思列宁主义的思想训练。（当然，在个人谈话和党员教育中，社会主义人民党不必像在公开声明中有时所宣称的那样，为了使全国人民接受而使出浑身力气。）因此，社会主义人民党正在形成对墨西哥的未来至关重要的革命领袖的核心力量。

此外，社会主义人民党策略的适度调整有使革命制度党成为国家行动党及其他右翼分子的主要敌人的倾向。在革命制度党攻击国家行动党时，也压制了其党内的右翼分子（其中一些人仅在神职人员问题上与国家行动党成员存在分歧），并鼓励了其党内的左翼分子。而这些革命制度党的左翼人士，正有可能成为社会主义人民党试图建立的全国反帝国主义统一战线的备选人。

最后，也是最重要的一点，社会主义人民党的策略倾向于温和地影响其反帝国主义统一战线的潜在盟友，这比墨西哥共产党的顽固的、极端的和教条主义的策略更为有利。作为一个墨西哥无产阶级的革命政党，社会主义人民党能否取得最终的成功，取决于它能否吸引来自其他社会阶级的盟友，因为墨西哥无产阶级规模太小，无法仅靠自己的力量控制国家政权。隆巴多决定根据墨西哥的政治游戏规则来调整社会主义人民党的策略，其主要动机可能就是希望获得盟友。对于社会主义人民党的利益来说，破坏与具有革命性的小资产阶级和民族资产阶级的联盟是非常有害的，因为他们要么是革命制度党的成员，要么是觉得自身的利益与革命制度党密切相关的人，而这些人都是将来全国反帝国主义统一战线的潜在成员。

如果社会主义人民党未能实施其所倡导的策略，其负面后果是什么呢？因为根据墨西哥的政治游戏规则进行政治活动，隆巴多至少在一定程度上混淆了墨西哥的政府与政权之间存在的本质差别，这一差别存在于革命制度党的左翼和社会主义人民党之间，也存在于社会主义人民党有节制的实践背后的动机里。

隆巴多通常不会对革命制度党采取进步措施的动机进行解释。他没有明确地、时常地表明革命制度党的首要利益是保持对国家权力的控制，以便一群政客能够保留他们的特权；为了保有权力，革命制度党必须采取措施促进经济发展以降低民众的不满。隆巴多也没有经常性地指出，为什么革命制度党所采取的这些措施符合墨西哥人民的利益，不管该政党背后的动机是什么。在许多不同的时期，隆巴多有直接或间接地表明这点，但是我的意思是，他对所有这些问题的解释，不论是直接的还是间接的方式，都没有足够让听从他的人或者社会主义人民党的其他成员绝对清楚地理解（他们往往遵循了隆巴多的风格）。

隆巴多把政府与政权的本质混为一谈的具体例子似乎不胜枚举。

1952年隆巴多通过声明支持总统鲁伊斯·科尔蒂内斯的计划,因为后者采纳了"反对派的计划"。比起这一行动,对于革命制度党和人民党间性质的不同,似乎隆巴多几乎不可能在公众中引起更多的认识。许多人可能会问自己,既然隆巴多没有对自己的立场做出准确而详细的说明,那么为什么几个月前隆巴多要与鲁伊斯·科尔蒂内斯竞选总统呢?

我们可能会注意到,隆巴多对革命制度党的描述只是在程度上不同于社会主义人民党,而人民党和国家行动党之间的差异,他则声称是绝对的。这是隆巴多把政府与政权的本质混为一谈的另一个例子。当然,隆巴多会指出革命制度党采取了许多进步的措施,这是人民党可以支持的,而人民党和国家行动党在每一个问题上都是相互对立的。此外,革命制度党的一些成员可能会在将来加入将要形成的全国反帝国主义统一战线,而国家行动党对这一战线的反对很可能是绝对的。然而,通过这句话可以看出,隆巴多似乎混淆了公众对革命制度党和人民党性质上是不同的看法,因为他没有继续指出革命制度党的进步政策背后的动机,而在上面提到的例子里也没有指出这一点,即作为资产阶级政党的革命制度党和作为马克思列宁主义指导的无产阶级政党之间的利益是相互对立的。

在上述两种情况下,隆巴多都在推行他的策略,统一墨西哥所有的进步力量,以推动具体的改革,他的想法和行为可能从根本上是正确的。然而,由于没有向墨西哥工人和农民澄清这些问题,隆巴多混淆了政府与政权的本质,使使公众无法理解当前政府的政权性质、他的策略背后动机的本意以及人民党的性质。

这些社会主义人民党的策略的负面后果相当严重。马克思主义政党的首要目标,似乎应该是提高工农的革命觉悟。社会主义人民党的策略至少在一定程度上阻碍了这一目标的实现,因为它们偏离了社会主义人民党在理论上所提倡的策略。没能经常地、坦率地批评政府的负面政策,没能经常地、彻底而直接地解释革命制度党被迫采取这些积极政策背后的动机,而只是对积极政策进行赞美,这使得墨西哥人不能真正认清革命制度党的特点。其后果似乎是不能为民众在将来的革命中所必须发挥的决定性作用做好准备。

这些批评必须用下面的话加以限定。社会主义人民党成员声称,在地方层面——在与墨西哥工人和农民总工会的农民打交道时，在一些地方选举中——社会主义人民党毫不留情地批评革命制度党和政府政策的消极方面。不幸的是，我没有机会证实这一说法。如果这是真的，那么在一定程度上要减轻我的批评。

最后，我发现，一些墨西哥人认为社会主义人民党是机会主义的，因为该党没有充分地执行其批评政府的负面政策和支持政府的积极政策的策略。在一些墨西哥人的心目中，社会主义人民党的这种形象似乎会对该党的革命效力构成障碍。对社会主义人民党的这种看法在墨西哥城的中产阶级知识分子中十分普遍。我很难说，这种观点在全国其他地方的工人、农民和小资产阶级知识分子中有多普遍。社会主义人民党在农民中获得了相当大的支持，尤其是在墨西哥西北部，这似乎表明前面对社会主义人民党的看法并不太普遍。1963年与社会主义人民党合并的墨西哥农民工人党（简称POCM）成员大多是工人阶级出身。此外，社会主义人民党成员中是知识分子和专业人士的比例比墨西哥共产党更多。最后，全国反帝国主义统一战线的潜在追随者中有非知识分子的城市小资产阶级、民族资产阶级和控制州政治权力的资产阶级，一般都特别地关注隆巴多，比起墨西哥共产党，他们对于社会主义人民党总体上也更加尊重，这些因素在很大程度上无视或嘲笑了社会主义人民党是机会主义的观点的无效性和极端主义。

左翼反对者认为社会主义人民党是机会主义的观点，部分源于墨西哥无政府主义思想存在普遍影响，导致许多人认为，唯一真正的革命立场是完全敌视政府。正如我们所看到的，这不是真的。然而，社会主义人民党未能充分履行其相当有效的策略，即支持政府的积极政策和批评其负面消极政策，这给了敌人武器，且在一些潜在的盟友中传播了混淆和怀疑。

对于一些有左翼倾向的中产阶级知识分子，社会主义人民党缺乏吸引力，这是创建民族解放运动的一个可能的解释。民族解放运动的成员主要是中产阶级知识分子和专业人士。因此，这些人通过民族解放运动履行他们所希望的组织职能，对墨西哥的国民生活施加一些影响。民族解放运动，尤其是墨西哥共产党，具有直接地、坦率地批评政府的负面消极政策的优点。（墨西哥共产党的缺陷是它对墨西哥现实的看法过于粗略和刻板,其理念过于教条,其态度过于宗派主义,以至于在全国反帝国主义统一战线的潜在盟友中引发了深刻的不信任。)由此,民族解放运动弥补了后者策略上的不足。因此,虽然没有一个墨西哥政党是左翼政党的理想原型,但可以从墨西哥的三个左翼政党各自的积极特征中总结出左翼政党的特质。社会主义人民党所倡导的战略战术,由于墨西哥政治的特殊性,使其无法得到充分实现。

社会主义人民党如何达到平衡呢?总的来说,社会主义人民党根据墨西哥的政治规则调整策略,收益远大于损失。如前所述,社会主义人民党策略的主要目标是在未来某个时候将要形成的墨西哥全国反帝国主义统一战线上获得盟友。尽管许多左翼的社会主义人民党的反对者认为其是机会主义的(这一点被右翼分子所利用),但是在一般情况下,比起任何其他的左翼政党,社会主义人民党似乎更多地受到反帝国主义统一战线潜在成员的尊重。1963年,社会主义人民党成功地与墨西哥农民工人党合并,尽管该政党没有实现多年来一直所寻求的与墨西哥共产党的合并。社会主义人民党成员众多,而墨西哥共产党只有三四千人。在土地改革、工会和政府机构的渗透等实际成果方面,社会主义人民党远远超过了墨西哥共产党。

因此,尽管社会主义人民党的策略有负面的影响,但是比起任何其他的墨西哥左翼政党的策略,它正在为实现墨西哥革命者的主要目标而更有效地做好准备:建立一个由工人、农民、城市小资产阶级、民族资产阶级和控制国家权力的资产阶级等所组成的全国反帝国主义统一战线。在墨西哥历史上的这个时刻,对于一些中产阶级知识分子来说,不那么温和的策略可能更具有吸引力,但也很可能不利于获得反帝国主义统一战线上的盟友,该统一战线会在墨西哥未来的某个时候形成。

一个自称是无产阶级掌握国家政权的政党,其必要条件是国家历史上发生革命危机的时刻,采取决定性的革命行动。如果社会主义人民党这样做,那么它目前策略的消极方面将很可能不会成为该党有效行动的不可逾越的障碍。它迄今为止所取得的群众基础(特别是在墨西哥西北部),其众多成员所接受的马克思列宁主义培训,以及它在墨西哥各种社会阶层中所具有的影响力,对将来的那个时候是非常宝贵的。然而,如果社会主义人民党不采取果断行动,另一政党(新的或旧的)很可能会领导革命。

　　历史将对隆巴多作出最后的评判。如果社会主义人民党未能履行马克思列宁主义政党的角色，历史可能会对隆巴多作出相当严厉的评判。如果社会主义人民党成功地成为墨西哥社会主义运动的领导者，并带领墨西哥无产阶级取得国家政权，那么历史将会把隆巴多视为墨西哥最伟大的人物之一。

中英对照与中西对照

1. 社会主义人民党（Partido Popular Socialista，PPS）
2. 人民党（Partido Popular，PP）
3. 维森特·隆巴多·托莱达诺（Vicente Lombardo Toledano）
4. 工人大学（Universidad Obrera，英文为 Worker's University）
5. 墨西哥城（Mexico，D. F.）
6. 罗伯特·保罗·米隆（Robert Paul Millon）
7. 北卡罗来纳大学教堂山分校（University of North Carolina at Chapel Hill）
8. 沃德尔纪念奖学金（Waddell Memorial Fellowships）
9. 格蕾丝和亨利·多尔蒂奖学金基金会（Grace and Henry Doherty Fellowship Foundation）
10. 哈罗德·比尔克（Harold H. Bierck）
11. 理想主义或唯心主义（idealism）
12. 马克思（Marx）
13. 恩格斯（Engels）
14. 列宁（Lenin）
15. 特休特兰（Teziutlán）
16. 普埃布拉州（Puebla）
17. 加里波第（Garibaldi）
18. 华雷斯（Juárez）
19. 韦拉克鲁斯州（State of Veracruz）
20. 古铁雷斯·萨莫拉（Gutiérrez Zamora）
21. 特休特兰（Teziutlán）

22. 都灵（Turin）

23. 普埃布拉州（Puebla）

24. 贝尼托·华雷斯（Benito Juárez）

25. 韦拉克鲁斯州（Veracruz）

26. 古铁雷斯萨莫拉村（Gutiérrez Zamora）

27. 阿尔弗雷多·歌瓦河·拉米亚（Alfredo Kawage Ramia）

28. 《与隆巴多·托莱达诺》（Con Lombardo Toledano）

29. 《随机》（Passim）

30. 《一个男人、一个国家、一个大陆》（Un Hombre, una Nación, un Continente）

31. 恩里克拉米雷斯和拉米雷斯（Enrique Ramírez y Ramírez）

32. 《维森特·隆巴多·托莱达诺的工作和斗争》（La Obra y La Lucha de Vicente Lombardo Toledano）

33. 《未来》（Futuro）

34. 《墨西哥工人阶级的武装分子》（Un Militante de la Clase Obrera de México）

35. 《简历》（Curriculum Vitae）

36. 维纳·卡尔顿·米兰（Verna Carleton Millan）

37. 《墨西哥的浴火重生》（Mexico Reborn）

38. 《回顾访谈》（Revista del Trabajo）

39. 《墨西哥工人领袖隆巴多·托莱达诺接受"回顾访谈"的访谈》（Lombardo Toledano, Líder de los Trabajadores de México, es Entrevistado por la "Revista del Trabajo"）

40. 《当前传记》（Current Biography）

41. 《谁的谁在拉丁美洲》（Who's who in Latin America）

42. 迈克尔·里塔·马丁（Michael Rheta Martin）

43. 加布里尔·洛维特（Gabriel H. Lovett）

44. 《拉丁美洲历史百科全书》（An Encyclopedia of Latin American History）

45. 《世界传记》（World Biography）

46. 米格尔·安赫尔·佩拉尔（Miguel Angel Peral）

47. 《墨西哥传记词典》（*Diccionario Biográficl Mexicano*）

48. 《国际名人录》（*The International Who's Who*）

49. 曼努埃尔·阿维拉·卡马乔（ManualÁvila Camacho）

50. 国立预科学校（National Preparatory School）

51. 墨西哥国立大学（National University of Mexico）

52. 波费里奥·迪亚兹（Porfirio Díaz）

53. 唐·安东尼奥·卡索（Don Antonio Caso）

54. 科学家（científicos）

55. 弗朗西斯科·布拉内斯（Francisco Bulnes）

56. 雅典耀青年组织（Ateneo de la Juventud）

57. 安东尼奥·卡索（Antonio Caso）

58. 何塞·巴斯孔塞洛斯（José Vasconcelos）

59. 阿方索·雷耶斯（Alfonso Reyes）

60. 胡里奥·托里斯（Julio Torris）

61. 赫苏斯·阿塞维多（Jesús T. Acevedo）

62. 恩里克·冈萨雷斯·马丁内斯（Enrique González Martínez）

63. 实证主义的功利主义（Positivistic utilitarianism）

64. 唯心论（spiritualism）

65. 亨利柏·格森的直觉主义（Henri Bergson's intuitionism）

66. 加维诺·布雷达（Gabino Barreda）

67. 《唯物主义和经验批判主义》（*Materialism and Empirio-Criticism*）

68. 铁路工人联盟（Alliance of Railroad Workers）

69. 民众大学（Universidad Popular）

70. 《英雄对社会进步的影响》（*La Influencia de los Héroes en el Progreso Social*）

71. 托马斯·卡莱尔（Thomas Carlyle）

72. 希波勒特·泰纳（Hippolyte Taine）

73. 《公法和新哲学思潮》（*El Derecho Público y Las Nuevas Corrientes Filosóficas*）

74. 伍德罗·威尔逊（Woodrow Wilson）

75. 《共产党宣言》（*Communist Manifesto*）

76. 卡尔·马克思（Karl Marx）
77. 皮埃尔·约瑟夫·蒲鲁东（Pierre Joseph Proudhon）
78. 路德维希·费尔巴哈（Ludwig Feuerbach）
79. 《政治经济学批判》（*Critique of Classical Political Economy*）
80. 《资本论》（*Das Kapital*）
81. 康德（Kant）
82. 叔本华（Schopenhauer）
83. 詹姆斯（James）
84. 理智主义（intellectualism）
85. 路易斯·卡布雷拉（Luis Cabrera）
86. 科阿韦拉州（Coahuila）
87. 萨尔蒂约市（Saltillo）
88. 墨西哥工人地方联合会（Confederación Regional Obrera Mexicana，CROM）
89. 联邦区政府（Federal District Government）
90. 得克萨斯州的伊斯塔帕拉帕（Ixtapalapa, D. F.）
91. 雅各宾规则（Jacobin precepts）
92. 《伦理学》（*Ética*）
93. 《公法的定义》（*Definiciones sobre Derecho Público*）
94. 无政府主义（anarchism）
95. 归纳推理（inductive reasoning）
96. 系统思想（systematic thought）
97. 存在的就是现实的（being is becoming）
98. 辩证唯物主义（dialectical materialism）
99. 中央委员会（the central committee）
100. 路易斯·莫罗内斯（Luís Morones）
101. 行动小组（Grupo Acción）
102. 墨西哥劳工党（Partido Laborista Mexicano，PLM）
103. 普鲁塔科·埃利亚斯·卡列斯（Plutarco Elías Calles）
104. 阿尔瓦罗·奥夫雷贡（Álvaro Obregón）
105. 德·拉·韦尔塔叛乱（the de la Huerta rebellion）

106. 奇瓦瓦州（Chilhuahua）

107. 华雷斯市（Ciudad Juárez）

108. 《墨西哥的教育问题》（*EL Problema de la Educación en México*）

109. 社团原则（corporative principle）

110. 墨西哥革命（Mexican Revolution）

111. 《墨西哥的工会自由》（*La Libertad Sindical en México*）

112. 日内瓦国际劳工局（International Labor Office in Geneva）

113. 墨西哥共产党（Mexican Communist party，PCM）

114. 工人总联合会（General Confederation of Workers）

115. 《门罗主义与工人运动》（*La Doctrina Monroe y el Movimiento Obrero*）

116. 西班牙—美国战争（Spanish-American War）

117. 斯科特·尼尔林（Scott Nearing）

118. 欧内斯特·格鲁宁（Ernest Gruening）

119. 卡尔顿·比尔斯（Carleton Beals）

120. 塞缪尔·盖恩·英曼（Samuel Guy Inman）

121. 门罗主义（Monroe Doctrine）

122. "道德混乱"（moral chaos）

123. "民众的永久性经济危机"（a perpetual economic crisis for the peoples）

124. 凡尔赛条约（Treaty of Versailles）

125. 美国劳工联合会（American Federation of Labor）

126. 泛美劳工联合会（Pan American Federation of Labor）

127. 哈瓦那（Havana）

128. 美洲国家国际会议（Inter-American Conference）

129. 第二国际（Second International）

130. 社会改良的渐进主义（gradualism in revolutionary social change）

131. 中产阶级形式的民族主义（a middle-class form of nationalism）

132. 联邦地区教授联盟（League of Professors of the Federal District）

133. 全国教师联合会秘书长（secretary general of the National Federation of Teachers）

134. 卡德纳斯总统（President Cárdenas）

135. 普鲁塔尔科·埃利亚斯·卡列斯（Plutarco Elías Calles）

136. 工会组织（syndicate）

137. 波波卡特佩特火山（Popocatepetl）

138. 墨西哥工人和农民总联合会（Confederación General de Obreros y Campesinos México，CGOCM）

139. 二元实在论（dualistic reality）

140. 马克思列宁主义（Marxism-Leninism）

141. 《我们时代的思想之战》（*La Batalla de las Ideas en Nuestro Tiempo*）

142. 非理性主义（irrationalism）

143. 伊曼努尔·康德（Immanuel Kant）

144. 费希特（Fichte）

145. 黑格尔（Hegel）

146. 谢林（Schelling）

147. 亚瑟·叔本华（Arthur Schopenhauer）

148. 生命哲学（Philosophy of Life）

149. 威廉·狄尔泰（Wilhelm Dilthey）

150. 格奥尔格·西梅尔（Georg Simmel）

151. 奥斯瓦尔德·斯宾格勒（Oswald Spengler）

152. 马克斯·谢勒（Max Scheler）

153. 马丁·海德格尔（Martin Heidegger）

154. 卡尔·雅斯贝尔斯（Karl Jaspers）

155. 阿尔弗雷德·罗森伯格（Alfred Rosenberg）

156. 存在主义（existentialism）

157. 国际共产主义运动（international Communist movement）

158. 全国无产阶级国防委员会（Committee of Proletarian Defense）

159. 巴尔托洛梅·德拉斯·卡萨斯（Bartolomé de las Cassas）

160. 索尔胡安娜·伊内斯·德拉克鲁兹（Sor Juana Inésde la Cruz）

161. 卡洛斯·德西古扎和贡戈拉（Carlos de Sigüenza y Góngora）

162. 库奥特莫克（Cuauhtémoc）

163. 贝尼托·华雷斯（Benito Juárez）

164. 埃米利亚诺·萨帕塔（Emiliano Zapata）

165. 墨西哥劳工联合会（Confederación de Trabajadores de México, CTM）

166. 铁路工人联盟（Sindicato de Trabajadores Ferrocarrileros）

167. 全国教育工作者联盟（Sindicato Nacional de Trabajadores de la Educación, SNTE）

168. 工人农民党（Partido Obrero-Campesino，英文为 Workers Peasants Party）

169. 托洛茨基派（Trotskyites）

170. 共产国际（Comintern）

171. 苏维埃社会主义共和国联盟（Union of Soviet Socialist Republics, U.S.S.R.）

172. 《人民党的章程》（*statutes of the Partido Popular*）

173. 苏联（Soviet Union）

174. 苏维埃（Soviet）

175. 《青年宪章》（*Carta a la Juventud*）

176. 第二次世界大战（World War II）

177. 马歇尔计划（Marshall Plan）

178. 北约（NATO）

179. 杜鲁门计划（Truman Plan）

180. 《哈瓦那宪章》（*Havana Charter*）

181. 进步联盟（Alliance for Progress）

182. 西半球（Western Hemisphere）

183. 国家主权运动（national-sovereignty movement）

184. 古巴革命（Cuban Revolution）

185. 卡斯特罗的战术（Castro's tactics）

186. 《布拉塞洛计划》（*the braceros program*）

187. "美国化"（yankeefication）

188. 阿道夫·洛佩斯·马特奥斯（Adolfo López Mateos）

189. 必要条件（sine qua non）

190. 《墨西哥的大戏》（*El Drama de México*）

191. 《我们的重大经济问题》（*Nuestros Grandes Problemas Económicas*）

192. 《一个捍卫墨西哥及其人民的新政党》（*Un Nuevo Partido para la Defensa de México y de su Pueblo*）

193. 拉扎罗·卡德纳斯总统（President Lázaro Cárdenas）

194. 村社（ejido）

195. 墨西哥比索（Mexican peso，Mex. $）

196. 托雷翁（Torreón）

197. 拉古纳地区（La Laguna region）

198. 新的大庄园形式（latifundismo）

199. 米格尔·阿莱曼（Miguel Alemán）

200. 阿道夫·鲁伊斯·科尔蒂内斯（Adolfo Ruíz Cortines）

201. 村社成员（ejidatario）

202. 国家信贷银行（Banco Nacional de Crédito Ejidal）

203. 国家农业信贷银行（Banco Nacional de Crédito Agrícola）

204. 国家糖业生产者协会（National Association of Sugar Producers）

205. 种植园主（ingenio）

206. 生产糖的种植园主（ingenios de azúcar）

207. 塔毛利帕斯州（Tamaulipas）

208. 蒙特城（Ciudad Mante）

209. 墨西哥银行（Bank of Mexico）

210. 国家金融机构（Nacional Financiera）

211. 民事养老金管理局（Administration of Civil Pensions）

212. 墨西哥社会保障研究所（Mexican Institute of Social Security）

213. 中华民国买办资产阶级（comprador bourgeoisie of the Chinese republic）

214. 恩里克·拉米雷斯·拉米雷斯（Enrique Ramírez y Ramírez）

215. 维克托·曼努埃尔·维拉塞诺（Victor Manuel Villaseñor）

216. 国民革命运动（Movimiento Nacional Revolucionario，MNR）

217. 拉丁美洲工人联合会（Confederación de Trabajadores de América

Latina，CTAL，英文名为 the Confederation of Latin American Workers）

218. 墨西哥革命党（Partido de la Revolución Mexicana，PRM）

219. 米格尔·阿莱曼（Miguel Alemán）

220. 《社会解体法》（*the law of social dissolution*）

221. 工人单位（Bloque de Unidad Obrera，BUO）

222. 革命制度党（Partio Revolucionario Institucional，PRI）

223. 《商业法典》（*Code of Commerce*）

224. 《普埃布拉州塞拉地区的语言地理》（*Geografia de las Lenguas de la Sierra de Puebla*）

225. 国家政治研究所（Instituto Politécnico Nacional）

226. 高中（Bachillerato）

227. 国立理工学院（Instituto Politécnico Nacional）

228. 国家行动党（Partido Acción Nacional，PAN）

229. 全国无政府主义联盟（Unión Nacional Sinarquista，UNS）

230. 何塞·玛利亚·莫雷洛斯（José María Morelos）

231. 伊图尔维德（Iturbide）

232. 贝努斯蒂亚诺·卡兰萨（Venustiano Carranza）

233. 《土地法典》（*Agrarian Code*）

234. 市长（alcalde）

235. 国务卿（Secretary of State）

236. 市政厅（ayuntamiento）

237. 议员（regidore）

238. 内政部国务秘书（secretariat of Gobernación）

239. 个人独裁专政（the one-man dictatorship）

240. 军事独裁者的统治或军事独裁（caudillismo）

241. 酋长制（caciquismo）

242. 酋长或领导人（cacique）

243. 考迪罗主义（caudillo）

244. 伊达尔戈（Hidalgo）

245. 马萨特兰（Mazatlán）

246. 联邦调查局（Federal Bureau of Investigation，FBI）

247. 美洲工人组织（Organización Interamericana de Trabajadores，ORIT）

248. 美国劳工联合会（American Federation of Labor，AFL）

249.《关于苏联共产党第二十次代表大会》（*En Torno al XX Congreso del Partido Comunista de la Unión Soviética*）

250. 古巴革命（Cuban Revolution）

251. 菲德尔·卡斯特罗（Fidel Castro）

252. 人民党的全国代表大会（National Council of the Partido Popular）

253.《墨西哥的视角：人民民主》（*La Perspectiva de México：Una Democracis del Pueblo*）

254. 列宁（Lenin）

255. 列宁主义者（Leninist）

256. 华沙和平会议（Warsaw Peace Conference）

257.《现在与未来》（*Presente y Futuro*）

258. 亨利·克莱（Henry Clay）

259. 门罗主义（Monroe Doctrine）

260. 亚伯拉罕·林肯（Abraham Lincoln）

261. 众议院（House of Representatives）

262. 墨西哥战争（Mexican War）

263. 富兰克林·德拉诺·罗斯福（Franklin D. Roosevelt）

264. 睦邻政策（Good Neighbor Policy）

265. 蒙得维的亚（Montevideo）

266. 布宜诺斯艾利斯（Buenos Aires）

267. 普拉特修正案（Platt Amendment）

268. 尼加拉瓜（Nicaragua）

269. 海地（Haiti）

270. 巴拿马大会（Panama Congress）

271. 宿命论（doctrine of Manifest Destiny）

272. 奥尔尼主义（Olney doctrine）

273. 危地马拉（Guatemala）

274. 古巴（Cuba）

275. 得克萨斯州的埃尔帕索（El Paso, Texas）

276. 《关于苏联的50个真相》（50 vedades sobre la U. S. S. R.）

277. 《未来世界之旅》（Un Viaje al Mundo del Porvenir）

278. 芬兰（Finland）

279. 波兰（Poland）

280. 波罗的海（Baltic）

281. 冷战（Cold War）

282. 马歇尔计划（Marshall Plan）

283. 朝鲜（Korea）

284. 约瑟夫·斯大林（Joseph Stalin）

285. 《劳动》（Trud）

286. 南斯拉夫（Yugoslavia）

287. 《在匈牙利危机之前》（Ante la Crisis de Hungria）

288. 匈牙利人民民主政府（Popular Democratic Government of Hungary）

289. 希特勒（Hitler）

290. 《华沙条约》（Warsaw Pact）

291. 中华人民共和国（People's Republic of China）

292. 世界总工会（World Federation of Trade Unions）

293. 《新中国之行日记》（Diario de Un Viaje a la China Nueva）

294. 《中国革命的胜利》（Victoria de la Revolución China）

295. 捷克斯洛伐克（Czechoslovakia）

296. 《每日新闻》（Diario）

297. 《中国土地改革与墨西哥土地改革间的异同》（La Reforma Agraria en China y en México, Semejanzas y Diferencias）

298. 《埃斯皮里图·胡玛诺之旅》（Causas de la Elevacion del Espiritu Humano）

299. 《永远!》（Siempre）

300. 《新纳粹主义的危险和特点》（El Neonazismo；Sus Características y Peligros）

301. 德意志联邦共和国（German Federal Republic）

302. 《巴西革命》(*La Revolución del Brasil*)

303. 《关于以色列的两次会议》(*Dos Conferencias sobre Israel*)

304. 《在尤利西斯的海洋：西西里岛》(*En los Mares de Ulises：Sicilia*)

305. 西西里岛（Sicily）

306. 挪威（Norway）

307. 奥斯陆（Oslo）

308. 国际劳工联合会理事会（Council of the International Labor Federation）

309. 较小罪恶（lesser evil）

310. 波兰（Poland）

311. 《大众报》(*El Popular*)

312. 轴心国（Axis powers）

313. 张伯伦（Chamberlain）

314. 达拉第尔（Daladier）

315. 芬兰（Finland）

316. 波兰（Poland）

317. 波罗的海国家（the Baltic nations）

318. 罗马尼亚（Rumania）

319. 墨西哥竞技场（Arena México）

320. 墨索里尼（Mussolini）

321. 第二次美洲农业会议（Second Inter-American Agricultural Conference）

322. 《美国和墨西哥：两个国家同一个理想》(*The United States and Mexico；Two Nations - One Ideal*)

323. 埃尔帕索（El Paso）

324. 《大西洋宪章》(*Atlantic Charter*)

325. 东南亚条约组织（SEATO）

326. 墨西哥电车有限公司（Mexican Tramways Company, Ltd.）

327. 标准石油的子公司（subsidiary of Standard Oil）

328. 华斯特卡石油公司（Huasteca Petroleum Company）

329. 美国电话电报公司（AT&T）

330. 帕斯夸尔·奥尔蒂斯·卢比奥（Pascual Ortíz Rubio）

331. 全国无产阶级防卫委员会（National Committee for Proletarian Defense）

332. 工人总联合会（Confederación General de Trabajadores）

333. 厄尔·布劳德（Earl Browde）

334. 美国共产党（American Communist party）

335. 新莱昂州（Nuevo León）

336. 蒙特雷市（Monterrey）

337. 蒙特雷玻璃公司（Vidriera de Monterrey, S. A.）

338. 墨西哥电力公司（Compañía Mexicana de Luz y Fuerza Motriz, S. A.）（英文名为：Mexican Light and Power Company）

339. 联邦调解仲裁委员会（Federal Board of Conciliation and Arbitration）

340. 奥里萨巴地区（Orizaba region）

341. 墨西卡利山谷（Mexicali Valley）

342. 雅基河谷（Yaqui River Valley）

343. 尤卡坦半岛（Yucatán）

344. 塔巴斯科州（Tabasco）

345. 标准水果公司（Standard Fruit Company）

346. 荷兰皇家壳牌公司（Royal Dutch Shell）

347. 萨蒂诺·西迪洛将军（General Saturnino Cedillo）

348. 圣路易斯波多西州长（governor of San Luís Potosí）

349. 石油工人工会（Oil Workers Union）

350. 全国农民联合会（National Peasant Confederation）

351. 产业工会联合会（Congress of Industrial Organizations, CIO）

352. 约翰·刘易斯（John L. Lewis）

353. 国民革命党（Partido Nacional Revolucionario, PNR）

354. 墨西哥农民联盟（Mexican Peasant Confederation）

355. 利昂·托洛茨基（Leon Trotsky）

356. 西班牙共和国（Spanish Republic）

357. 阿姆斯特丹国际工会联合会（International Federation of Trade Unions, Amsterdam）

358. 智利（Chile）

359. 圣地亚哥（Santiago）

360. 第一次美洲劳工大会（First-American Labor Conference）

361. 阿根廷（Argentina）

362. 玻利维亚（Bolivia）

363. 哥伦比亚（Colombia）

364. 哥斯达黎加（Costa Rica）

365. 厄瓜多尔（Ecuador）

366. 巴拉圭（Paraguay）

367. 秘鲁（Peru）

368. 乌拉圭（Uruguay）

369. 委内瑞拉（Venezuela）

370. 法国总工会（Confédération Générale du Travail, CGT）

371. 莱昂·朱胡克斯（Leon Jouhaux）

372. 拉蒙·冈萨雷斯·佩纳（Ramon Gonzalez Pena）

373. "原则性宣言"（"Declaration of Principles"）

374. 全体大会代表（General Congress）

375. 《国家》杂志（*The Nation*）

376. 《新共和》杂志（*The New Republic*）

377. 《墨西哥劳工新闻》（*Mexican Labor News*）

378. 《拉丁美洲工人联合会新闻》（*C. T. A. L. News*）

379. 联邦区工会联合会（Federación de Sindicatos Obreros del Distrito Federal）

380. 亲民族文化协会（Asociación Pro-Cultura Nacional）

381. 加比诺·巴雷达大学（Gabino Barreda University）

382. 《精益求精》（*Excelsior*）

383. 《今日报》（*Hoy*）

384. 墨西哥共和国雇主联合会（Confederación de Centros Patronales de la República Mexicana）

385. 新莱昂州（Nuevo León）

386. 索诺拉州（Sonora）

387. 杜兰戈州（Durango）

388. 拉蒙·约库皮西奥（Ramon Yocupicio）

389. 墨西哥农民联合会（Confederación Campesina Mexicana）

390. 六年计划（Six-Year Plan）

391. 阿贝拉多·罗德里格斯（Abelardo Rodriguez）

392. 胡安·安德烈·阿尔马桑将军（General Juán Andreu Almazán）

393. 菲德尔·维拉斯克斯（Fidel Velázquez）

394. 国家转型工业商会（Cámara Nacional de la Industria de Transformación）

395.《墨西哥工业工人契约》（Mexican Pacto Obrero Indusrtial）

396. 亚历杭德罗·卡里略（Alejandro Carrillo）

397. 埃泽奎尔·帕迪拉（Ezequiel Padilla）

398. 辛那其全国联盟（sinarquistas）

399. 全国无产阶级防卫集团（Bloque Nacional de Defensa Proletaria）

400. 费尔南多·阿米尔帕（Fernando Amilpa）

401. 路易斯·戈麦斯（Luís Gómez）

402. 工人联合会（Confederación Unitaria de Trabajadores，CUT）

403. 世界工会联合会（World Federation of Trade Unions，WFTU）

404. 墨西哥劳工联盟（Alianza de Obreros y Campesinos de México，AOCM）

405. 墨西哥工人和农民总工会（Unión General de Obreros y Campesinos de México，UGOCM）

406. 社会瓦解法（social dissolution）

407. 瓦伦丁·坎帕（Valentín Campa）

408. 革命的工人和农民联合会（Confederación Revolucionaria de Obreros y Campesinos，CROC）

409. 曼努埃尔·格曼·帕拉（Manuel German Parra）

410. 全国教师工会第九分会（Section IX of the national teachers' union）

411. 德米特里奥·瓦列霍（Demetrio Vallejo）

412. 菲洛梅诺·马塔（Filomeno Mata）

413. 戴维·阿尔法罗·斯基罗斯（David Alfaro Siquieros）

414. 哈辛托·洛佩兹（Jacinto López）

415. 美国劳工部（U. S. department of Labor）

416. 下加利福尼亚州（Baja California）

417. 米却肯州（Michoacán）

418. 洛斯莫奇斯（Los Mochis）

419. 拉扎罗·卢比奥·费利克斯（Lázaro Rubio Felix）

420. 华金·萨尔加多·梅德拉诺（Joaquín Salgado Medrano）

421. 锡那罗亚州（Sinaloa）

422. 库利亚坎市（Culiacán）

423. 小威廉·格林（William C. Greene, Jr.）

424. 全国特别委员会（Extraordinary National Council）

425. 全国执行委员会（National Executive Committee）

426. 墨西哥工会运动的理论和实践（Theory and Practice of the Mexican Union Movement）

427. 哲学和无产阶级（Philosophy and the Proletariat）

428.《前进》（*Avante*）

429. 塔毛利帕斯州（Tamaulipas）

430. 坦皮科市（Tampico）

431. 莫雷利亚市（Morelia）

432. 纳亚里特州（Nyarit）

433. 特皮克市（Tepic），

434. 奇瓦瓦州的奇瓦瓦市（Ciudad Chihuahua, Chihuahua）

435. 埃莫西约市（Hermosillo）

436. 哈利斯科州（Jalisco）

437. 瓜达拉哈拉市（Guadalajara）

438. 政治预备学院（School of Political Preparation）

439. 劳工法学院（School of Labor Law）

440. 工会预备学院（School of Union Preparation）

441. 行政委员会（Administration Committee）

442. 宪法小组委员会（Constitution Subcommittee）

443. 布鲁塞尔（Brussels）

444. 国际自由工会联合会（International Confederation of Free Trade Unions，ICFTU）

445. 《世界工会运动》（EL Movimiento Sindical Mundial）

446. 美国劳工联合会（American Federation of Labor，AFL）

447. 利马（Lima）

448. 美洲间工人联合会（Confederación Inter-americana de Trabajadores，CIT）

449. 国际劳工局（International Labor Office，ILO）

450. 胡安·庇隆（Juán Perón）

451. 拉丁美洲工人协会（Associación de Trabajadores Latinoamericanos，简写为 ATLAS）

452. 智利自治劳工联合会（Confederación Único de Trabajadores de Chile）

453. 拉丁美洲工会会议（Conferencia Sindical Latino Americana）

454. 危地马拉（Guatemala）

455. 波多黎各（Puerto Rico）

456. 为国服务工会联合会（Federacion de Sindicatos de Trabajadores al Servicio del Estado，FSTSE）

457. 纳西索·巴索洛斯（Narciso Bassolos）

458. 何塞·伊图里亚加（José Iturriaga）

459. 维克多·曼努埃尔·维拉西诺（Victor Manuel Villaseñor）

460. 政治行动联盟（Liga de Acción Política）

461. 墨西哥社会主义联盟（Liga Socialista Mexicana）

462. 迪奥尼西奥·恩西纳斯（Dionisio Encinas）

463. 国家转型工业商会（Cámara Nacional de la Industria de Tranformación）

464. 国民民主独立党（Partido Nacional Democrático Independiente）

465. 奥克塔维奥·维加·瓦斯奎兹（Octavio Vejár Vásquez）和维多

利亚·安吉亚诺（Victoriano Anguiano）

466. "起义者"的马克思主义者团体（Grupo Marxista "El Insurgente"）

467. 社会主义统一行动（Acción Socialista Unificada）

468. 国粹党（Unión Nacional Sinarquista）

469. 成立大会（Constituent Assembly）

470. 维达尔·迪亚兹·穆尼奥斯（Vidal Díaz Muñoz）

471. 拉扎罗·卢比奥·菲利克斯（Lázaro Rubio Félix）

472. 胡安·曼努埃尔·伊莱松多（Juán Manuel Elizondo）

473. 拉斐尔·卡里略（Rafael Carrillo）

474. 迭戈·里维拉（Diego Rivera）

475. 利奥波尔多·门迪亚（Leopoldo Méndea）

476. 鲁道夫·多兰蒂斯（Rodolfo Dorantes）

477. 何塞·阿尔瓦拉多（José Alvarado）

478. 路易斯·托雷斯（Luís Torres）

479. 何塞·雷维尔塔斯（José Revuerelt）

480. 阿方索·帕拉西奥斯（Alfonso Palacios）

481. 《墨西哥合众国宪法》（*Political Constitution of the United Mexican States*）

482. 维森特·富恩特斯·迪亚兹（Vicente Fuentes Díaz）

483. 全国理事会（National Council）

484. 全国政治理事会（National Political Directorate）

485. 沙瓜洛（Zócalo）

486. 米格尔·亨利克斯·古兹曼将军（General Miguel Henríquez Guzmán）

487. 布洛政党联盟（Federación de Pardidos del Peublo）

488. 阿道弗·鲁伊斯·科尔蒂内斯（Adolfo Ruíz Cortines）

489. 埃夫雷恩·冈兹莱兹·卢纳（Efrain González Luna）

490. 米格尔·门多萨·洛佩斯（Miguel Mendoza López）

491. 社会主义青年（Juventud Popular Socialista）

492. 农民工人党（Partido Obrero Campesino，POC）

493. 拉美经济解放、国家主权与和平会议（Latin American Conference for Economic Emancipation, National Sovereignty and Peace）

494. 民族解放运动（Movimiento de Liberación Nacional，MLN）

495. 国立理工学院（National Polytechnic Institute）

496. 民事养老金管理局（Civil Pension Administration）

497. 墨西哥社会保障局（Mexican Social Security Institute）

498. 法国雅各宾派（French Jacobin）

499. 小庄园（minifundia）

500. 大庄园（latifundia）

501. 布尔什维克（Bolsheviks）

502. 军事独裁（caudillismo）

503. 首领（caudillos）

504. 墨西哥农民工人党（简称 POCM）